Band 721

Grundriss der Psychologie

Herausgegeben von Bernd Leplow und Maria von Salisch

Begründet von Herbert Selg und Dieter Ulich

Diese Taschenbuchreihe orientiert sich konsequent an den Erfordernissen des Bachelorstudiums, in dem die Grundlagen psychologischen Fachwissens gelegt werden. Jeder Band präsentiert sein Gebiet knapp, übersichtlich und verständlich!

H. E. Lück
Geschichte der Psychologie

D. Ulich/R. Bösel
Einführung in die Psychologie

H. Selg/J. Klapprott/R. Kamenz
Forschungsmethoden der Psychologie

K. Rentzsch, A. Schütz
Psychologische Diagnostik

D. Ulich/P. Mayring
Psychologie der Emotionen

F. Rheinberg/R. Vollmeyer
Motivation

R. Guski
Wahrnehmung

F. J. Schermer
Lernen und Gedächtnis

L. Laux
Persönlichkeitspsychologie

H. M. Trautner
Allgemeine Entwicklungspsychologie

J. Kienbaum/B. Schuhrke
Entwicklungspsychologie der Kindheit

T. Faltermaier/P. Mayring/W. Saup/P. Strehmel
Entwicklungspsychologie des Erwachsenenalters

T. Greitemeyer
Sozialpsychologie

H.-P. Nolting/P. Paulus
Pädagogische Psychologie

T. Faltermaier
Gesundheitspsychologie

J. Felfe
Arbeits- und Organisationspsychologie, Bd. 1 und 2

Jörg Felfe

Arbeits- und Organisationspsychologie 1

Arbeitsgestaltung, Motivation und Gesundheit

Verlag W. Kohlhammer

Gesamtherstellung:
W. Kohlhammer Druckerei GmbH + Co. KG, Stuttgart
Printed in Germany

ISBN 978-3-17-021462-0

Inhalt

Danksagung

An dieser Stelle sei allen gedankt, die zur Fertigstellung dieser beiden Bände beigetragen haben.
Besonderer Dank gilt Antje Ducki, Bernd Six und Franziska Franke sowie den Herausgebern für die zahlreichen wertvollen inhaltlichen Anregungen zur Verbesserung des Manuskripts. Katja Ebert und Henriette Fuß möchte ich für die Unterstützung bei der Erstellung der Literaturverzeichnisse und die sorgfältigen Korrekturen danken.

Geleitwort

Neue Studiengänge brauchen neue Bücher! Bachelor und Master sind nicht einfach verkürzte Diplom- oder Magisterausbildungen, sondern stellen etwas qualitativ Neues dar. So gibt es jetzt Module, die in sich abgeschlossen sind und aufeinander aufbauen. Sie sind jeweils mit Lehr- und Lernzielen versehen und spezifizieren sehr viel genauer als bisher, welche Themen und Methoden in ihnen zu behandeln sind. Aus diesen Angaben leiten sich Art, Umfang und Thematik der Modulprüfungen ab. Aus der Kombination verschiedener Module ergeben sich die neuen Bachelor- und Masterstudiengänge, welche in der Psychologie konsekutiv sind, also aufeinander aufbauen. Die Bände der Reihe »Grundriss der Psychologie« konzentrieren sich auf das umgrenzte Lehrgebiet des Bachelor-Studiums.

Da im Bachelorstudium die Grundlagen des psychologischen Fachwissens gelegt werden, ist es uns ein Anliegen, dass sich jeder Band der Reihe »Grundriss der Psychologie« ohne Rückgriff auf Wissen aus anderen Teilgebieten der Psychologie lesen lässt. Jeder Band der Grundrissreihe orientiert sich an einem der Module, welche die Deutsche Gesellschaft für Psychologie (DGPs) im Jahr 2005 für die Neugestaltung der Psychologieausbildung vorgeschlagen hat. Damit steht den Studierenden ein breites Grundwissen zur Verfügung, welches die wichtigsten Gebiete aus dem vielfältigen Spektrum der Psychologie verlässlich abdeckt. Dies ermöglicht nicht nur den Übergang auf den darauf aufbauenden Masterstudiengang der Psychologie, sondern auch eine erste Berufstätigkeit im psychologisch-assistierenden Bereich.

So führt der Bachelorabschluss in Psychologie zu einem eigenen, berufsbezogenen Qualifikationsprofil. Aber auch Angehörige anderer Berufe können von einer ergänzenden Bachelorausbildung in Psychologie profitieren. Überall dort, wo menschliches Verhalten und Erleben Entscheidungsabläufe beeinflusst, hilft ein fundiertes Grundwissen in Psychologie. Die Bandbreite reicht vom Fachjournalismus über den Erziehungs- und Gesundheitsbereich, die Wirtschaft mit diversen Managementprofilen, die Architektur und die Ingenieurwissenschaften bis hin zu Führungspositionen in Militär und Polizei. Die Finanz- und Wirtschaftskrise der Jahre 2008/09 ist nur ein Beispiel für die immense Bedeutung von Verhaltensfaktoren für gesellschaftliche Abläufe. Die wissenschaftliche Psychologie bietet insofern ein Gerüst, über welches man auf die Gesellschaft positiv Einfluss nehmen kann. Daher können auch Studierende und Praktiker aus anderen als den klassischen psychologischen Tätigkeitsfeldern vom Bachelorwissen in Psychologie profitieren. Weil die einzelnen Bände so gestaltet sind, dass sie psychologisches Grundlagenwissen voraussetzungsfrei vermitteln, sind sie also auch für Angehörige dieser Berufsgruppen geeignet.

Jedes Kapitel ist klar gegliedert und schließt mit einer übersichtlichen Zusammenfassung. Literaturempfehlungen und Fragen zur Selbstüberprüfung runden die Kapitel ab. Als weitere Lern- und Verständnishilfen wurden *Beispiele* und *Erklärungen* aufgenommen. In einigen Bänden finden sich darüber hinaus *Definitionen*, und wo es sich anbietet, wird besonders Wichtiges in einem *Merke*-Satz wiederholt.

Wir möchten den ausgeschiedenen Herausgebern für ihre inspirierende Arbeit an dieser Reihe danken und hoffen, auch weiterhin auf ihre Erfahrungen zurückgreifen und ihren wertvollen Rat in Anspruch nehmen zu können. Den Leserinnen und Lesern wünschen wir vielfältige Erkenntnisse und Erfolge mit den Bänden der Reihe »Grundriss der Psychologie«.

Maria von Salisch Bernd Leplow

Vorwort

Der vorliegende Band »Arbeits- und Organisationspsychologie 1« und der dazugehörige Band 2 richten sich vorrangig an Studierende der Arbeits-, Organisations- und Wirtschaftspsychologie (AOW), die sich im Rahmen des Studiums einen Überblick über das Fachgebiet verschaffen wollen. Die einschlägigen Lehrbücher bieten umfangreiche Möglichkeiten, sich gründlich und in Tiefe über die wesentlichen Konzepte, Techniken und Befunde zu orientieren (z. B. Nerdinger, Blickle & Schaper, 2011; Schuler, 2007).

Die beiden Bände sind allerdings weder Praxisratgeber noch umfassende Lehrbücher, die den wissenschaftlichen Stand der AOW-Psychologie vollständig darstellen. Vielmehr sollen sie auch Studierenden anderer Fachrichtungen im Bachelorstudium sowie wissenschaftlich interessierten Praktikern einen kompakten Überblick über die wesentlichen Theorien und Modelle bieten und die Systematik des Faches verständlich machen, um sich darin leichter zurechtzufinden und konkrete Maßnahmen z. B. der Personal- und Organisationsentwicklung vor diesem Hintergrund besser verstehen, einordnen und bewerten zu können.

Zunächst ein kurzer Überblick über den Gegenstandsbereich: Zentraler Gegenstand der AOW-Psychologie ist das *Erleben und Verhalten* von Menschen in *Organisationen*. Dabei kann es sich um Wirtschaftsunternehmen, aber auch um Non-Profit-Organisationen wie öffentliche Verwaltungen, Schulen und andere Institutionen handeln. Auch wenn sich die AOW-Psychologie in erster Linie für Mitglieder der Organisationen in ihren Rollen als Mitarbeiter und Führungskräfte interessiert, rückt zunehmend auch die Perspektive der Kunden und Bürger in den Mittelpunkt des Interesses.

Zum *Erleben* zählen neben positiven Indikatoren wie Zufriedenheit und Wohlbefinden aber auch negative Gefühle wie

Unsicherheit, Angst, Stress und Burn-out. Damit kommt dem Zusammenhang von Arbeit und Gesundheit eine besondere Bedeutung zu. Beim *Verhalten* wird zwischen wünschenswerten, positiven Verhaltensweisen wie z. B. Leistung, Engagement oder Innovation und unerwünschtem Verhalten wie Absentismus, Fehlern, Mobbing etc. unterschieden.

Aus einer ganzheitlichen Perspektive erforscht und gestaltet die AOW-Psychologie Wechselbeziehungen zwischen *Arbeitsbedingungen*, *Technik*, *Organisation* sowie *Marktbedingungen*, die einem ständigen Wandel unterworfen sind. Auch gesellschaftliche Rahmenbedingungen wie der demographische Wandel dürfen hierbei nicht unberücksichtigt bleiben. Ziel ist es, mit Blick auf *Gesundheit*, *Leistung* und *Effizienz*, die Passung zwischen Individuum und Arbeitskontext zu erhöhen. Hierzu gehört auch die Vereinbarkeit von Arbeit auf der einen und Familie bzw. Privatleben auf der anderen Seite.

Insbesondere wirtschaftspsychologische Fragestellungen betreffen das Verhalten und Erleben der Menschen in breiteren wirtschaftlichen Zusammenhängen (z. B. als Sparer, Konsument, Steuerzahler) und die Bedeutung umfassender gesamtwirtschaftlicher Prozesse (z. B. Wirtschaftsentwicklung, Inflation, Einführung des Euro). Der Schwerpunkt der beiden vorliegenden Bände liegt im Bereich der Arbeits- und Organisationspsychologie. Die spezifisch wirtschaftspsychologischen Fragen und Themen werden in einem weiteren Band der Grundriss-Reihe untergebracht.

Die Bände mit dem Schwerpunkt Arbeits- und Organisationspsychologie sind insgesamt in neun Kapitel gegliedert. Im *ersten Band* wird nach einem Einleitungskapitel, in dem Grundlagen, Begrifflichkeiten und Definitionen sowie die Systematik des Faches dargestellt werden, zunächst aus einer historischen Perspektive ein Überblick über zentrale Konzepte gegeben. In den folgenden beiden Kapiteln werden Konzepte der Arbeitsgestaltung sowie der Zusammenhang von Arbeit und Gesundheit behandelt. Es folgt ein Kapitel zu den zentralen Konzepten Leistung, Zufriedenheit und Motivation, das mit dem Thema Commitment abschließt.

Der *zweite Band* beginnt mit einem Kapitel zur Personalentwicklung mit den beiden Bereichen Personalauswahl und Aus- und Weiterbildung. Die folgenden Kapitel behandeln die Themen Mitarbeiterführung und Organisationsentwicklung. Der Grundriss endet mit einem Kapitel über interkulturelles Management. Beide Bände verfügen über einen eigenständigen Literaturteil.

Hamburg, im Sommer 2012 Jörg Felfe

1 Einleitung

Inhalt
Im folgenden Kapitel lernen Sie die zentralen Begriffe und Definitionen des Faches kennen. Hierzu gehört die Unterscheidung unterschiedlicher Funktionen und Formen der Arbeit. Außerdem erfahren Sie etwas über die Systematik des Faches mit seinen einzelnen Teilgebiete und den jeweiligen Fragestellungen und Zielsetzungen.

1.1 Grundlagen, Begriffe und Definitionen

1.1.1 Psychische Bedeutung der Arbeit

Was Organisationen eigentlich mit Psychologie zu tun haben, wird bereits anhand folgender Einstiegsfragen deutlich:

- Warum arbeiten wir …
- … in Organisationen?
- Was hat das mit Psychologie zu tun?

Die Antwort auf die erste Frage scheint zunächst klar und lässt wenig Überraschung erwarten: Wir arbeiten, um Geld zu verdienen. Warum sonst sollte man die Last, Mühe und Verantwortung auf sich nehmen, auf Freizeit verzichten und gar gesundheitliche Risiken eingehen? Doch Vorsicht! In dem Forschungsprojekt »Meaning of Work« (MOW, 1987) werden Arbeitnehmer mit der sogenannten Lotterie-Frage konfrontiert »Was würden sie machen, wenn sie im Lotto gewinnen würden und nicht mehr arbeiten müssten?« Immerhin geben die meisten zur Antwort, dass sie weiterarbeiten würden. In den USA waren es 2006 sogar zwei Drittel der Befragten (Highhouse, Zickar & Yankelevich, 2010). Offenbar gibt es also noch andere Gründe, einer Arbeit nachzugehen. Ein anderes Beispiel ist die ehrenamtliche Arbeit, die ebenfalls nicht der Befriedigung *ökonomischer Bedürfnisse* dient. Neben der Befriedigung ökonomischer Bedürfnisse dient Arbeit offenbar der Befriedigung psychologischer Bedürfnisse. Dabei handelt es sich vor allem um:

- *soziale Bedürfnisse* nach Kontakten, Anerkennung, Wertschätzung und Zugehörigkeit zur einer Gruppe, die gleichzeitig identitätsstiftend ist;
- das Bedürfnis nach *persönlicher Entwicklung* und Selbstverwirklichung durch den Erwerb vom Kompetenzen und Expertise und die damit verbundene Befriedigung und Stolz, die auch für die eigene Identität und den Selbstwert von Bedeutung sind;
- das Bedürfnis, dem eigenen Dasein einen *Sinn zu geben.* Einem übergeordneten Zweck oder Wert zu dienen, stiftet Sinn und vermittelt Orientierung und Sicherheit;
- das Bedürfnis nach geistiger und körperlicher *Aktivität* im Sinne tätiger Auseinandersetzung mit der Umwelt und den Gebrauch der physischen und psychischen Ressourcen;
- das Bedürfnis nach zeitlicher und räumlicher *Struktur.* Gerade in Studien mit Erwerbslosen haben sich die negativen Folgen des Verlustes zeitlicher Strukturen gezeigt (Jahoda, 1981).

Erkundigt man sich bei den Beschäftigten, welche Kriterien bei der Wahl des Arbeitsplatzes von Bedeutung sind, spielen nach der Arbeitsplatzsicherheit das Arbeitsklima; die Möglichkeit, eigene Fähigkeiten zu nutzen und selber die Initiative ergreifen zu können, eine größere Rolle als das Einkommen (Noll & Weick, 2003).

Damit kann man von den *»zwei Gesichtern« der Arbeit* sprechen. Auf der einen Seite gibt es das Belastungsrisiko. Unzureichende Arbeitsbedingungen, Ärger mit Kollegen und Vorgesetzten, Stress und Zeitdruck sind Beispiele für diesen Belastungsaspekt. Sie bedeuten nicht nur gesundheitliche Risiken, sondern wirken sich auch negativ auf die Leistung und Zufriedenheit aus. Als Konsequenz auf Arbeit zu verzichten, würde aber bedeuten, das »Kind mit dem Bade auszuschütten«, weil dann auch die positiven Ressourcen verlorengehen. Hierzu zählen soziale Kontakte, Identität und Status, Sinn und Selbstverwirklichung. Durch ihre Arbeit können Menschen Stolz, Freude und Zufriedenheit erleben. Die Bedeutung der Arbeit wird ebenfalls deutlich, wenn man sich die gesundheitlichen Risiken von *Erwerbslosigkeit* oder bereits der Angst vor Arbeitslosigkeit vor Augen führt (Mohr, 2010). Letztlich ist es ein zentrales Anliegen der AOW-Psychologie, die relevanten Belastungen und Ressourcen zu identifizieren und Maßnahmen zu entwickeln, mit denen Belastungen reduziert und Ressourcen gefördert und entwickelt werden.

1.1.2 Formen der Arbeit

Entsprechend definieren Semmer & Udris (2007) Arbeit als »zielgerichtete menschliche Tätigkeit zum Zwecke der Transformation und Aneignung der Umwelt aufgrund selbst- oder fremddefinierter Aufgaben, mit gesellschaftlicher, materieller oder ideeller Bewertung, zur Realisierung oder Weiterentwicklung individueller oder kollektiver Bedürfnisse, Ansprüche und Kompetenzen« (S. 158).

Im Mittelpunkt steht dabei die *Erwerbsarbeit.* Allerdings darf nicht übersehen werden, dass es auch andere Formen und Varianten der Arbeit gibt, die zwar nicht bezahlt werden, aber eine Reihe der oben genannten psychischen Bedürfnisse befriedigen. Hierzu zählen die bereits erwähnte ehrenamtliche Arbeit, die Bürgerarbeit, die ebenfalls unbezahlte und in der Freizeit stattfindende Eigenarbeit sowie die sogenannte Reproduktionsarbeit. Hierunter fallen Haushaltsführung, Kindererziehung und Pflegetätigkeiten.

Vor allem am Beispiel der Doppelbelastung vieler berufstätiger Frauen wird deutlich, dass es nicht ausreicht, nur die Erwerbsarbeit in den Blick zu nehmen. Vielmehr müssen die Wechselbeziehungen zwischen Arbeit und Familie bzw. Arbeit und Privatem gemeinsam berücksichtigt werden, um die Chancen, aber auch die Risiken für den Einzelnen besser zu verstehen. Die Frage nach der Vereinbarkeit unterschiedlicher

Lebensbereiche wird seit einigen Jahren unter dem Stichwort *Work-Life-Balance* diskutiert.

Innerhalb der Erwerbsarbeit lassen sich verschiedene *Beschäftigungsverhältnisse* unterscheiden. Dabei ist zu beobachten, dass der traditionelle unbefristete Arbeitsplatz mit einer Arbeitszeit von 40 Stunden immer weniger als Regelfall angesehen werden kann. Zum Beispiel ist ein Anstieg im Bereich der Teilzeitarbeit, der befristeten Arbeitsverhältnisse und auch im Bereich der Leih- bzw. Zeitarbeit zu verzeichnen. Mittlerweile ermöglichen auch immer mehr Unternehmen ihren Beschäftigten, einen Teil ihrer Arbeit zu Hause zu erledigen (Heimarbeit bzw. Telearbeit). Auch im Bereich der Selbständigkeit sind Anstiege zu verzeichnen (z. B. »Ich-AG«).

Betrachtet man die Entwicklungen in den unterschiedlichen *Wirtschaftsbereichen*, fällt auf, dass der Anteil des Dienstleistungssektors stetig zunimmt (tertiärer Sektor), wohingegen der Anteil der Arbeitsplätze in der verarbeitenden Industrie (sekundärer Sektor) eher rückläufig ist bzw. stagniert. Ähnlich sieht es auch für den primären Sektor aus (Landwirtschaft, Bergbau etc.).

Es lässt sich leicht erahnen, dass die Veränderungen in der Arbeitswelt zu Verschiebungen bei den Anforderungen und Belastungen führen und somit auch das Erleben und Verhalten der Beschäftigten beeinflussen. So haben erhebliche Anstrengungen im Bereich des Arbeitsschutzes und der allgemeine Rückgang vor allem körperlich belastender Industriearbeit dazu geführt, dass die Unfallrisiken deutlich gesenkt werden konnten. Gestiegen ist dafür aber auf der anderen Seite das Risiko psychischer Erkrankungen wie z. B. Burn-out. In der bereits zitierten Studie von Noll & Weick (2003) erwarten immerhin 44 %, dass die Stressbelastung am Arbeitsplatz weiterhin zunehmen wird. Gleichzeitig wird erwartet, dass der Arbeitseinsatz, die Qualifikationsanforderungen und der Verantwortungsdruck steigen werden.

1.1.3 Organisation und Organisationsstruktur

Die meisten Menschen arbeiten in einem organisationalen Kontext, durch den wichtige Rahmenbedingungen vorgegeben sind. Kieser und Kubicek (1983) definieren Organisationen als soziale Gebilde, die dauerhaft ein Ziel verfolgen, und eine formale Struktur aufweisen, mit deren Hilfe Aktivitäten der Mitglieder auf das verfolgte Ziel ausgerichtet werden sollen. Aber wir bezeichnen dauerhafte soziale Gebilde nicht nur als »Organisation«, sondern sie verfügen auch über eine »Organisation« im Sinne einer Organisationsstruktur. Die *Organisationsstruktur* ist ein System von Regeln, welches die arbeitsteiligen Beziehungen zwischen Mitgliedern der Organisation festlegt und die Aktivitäten auf die Erreichung des verfolgten Zieles ausrichtet. Organisationen lassen sich anhand von unterschiedlichen Strukturmerkmalen charakterisieren bzw. unterscheiden. Hierzu gehören u.a. die Größe, die Anzahl der Hierarchieebenen, das Ausmaß an Spezialisierung etc.

Warum begeben sich Menschen in Organisationen und unterwerfen sich ihren Regeln und Strukturen? Durch gemeinsames, koordiniertes Handeln, *Arbeitsteilung* und Spezialisierung ist es möglich, Aufgaben zu bewältigen und Ziele zu verfolgen, die der Einzelne alleine nicht erreichen könnte. Durch den organisierten Zusammenschluss werden Ressourcen (Arbeitskraft, Wissen, Finanzen etc.) gebündelt und einer einheitlichen Disposition zur Verfügung gestellt, um effektiver agieren zu können. In Abgrenzung zum individuellen Handeln ergeben sich daraus allerdings neue Anforderungen und Probleme. So müssen die Einzelaktivitäten koordiniert werden (Koordinationsproblem). Hierzu bedarf es einer Aufbau- und Ablauforganisation mit entsprechenden Informations- und Kommunikationsmöglichkeiten. Darüber hinaus müssen die Aktivitäten gesteuert und Entscheidungen getroffen werden (Herrschaftsproblem). Üblicherweise sind Organisationen *hierarchisch* strukturiert und die Steuerung erfolgt von oben nach unten. Schließlich ist zu klären, wie der erwirtschaftete Gewinn verteilt wird (Verteilungsproblem). In der Regel klärt der Arbeitsvertrag, ob die Bezahlung z.B. von der Leistung oder vom Erfolg abhängt oder ob sie davon unberührt bleibt. Auch hier lässt sich leicht erahnen, wie sich das Ausmaß der Arbeitsteilung und die mit einer Position verbundenen Entscheidungsmöglichkeiten auf das Erleben und Verhalten der Einzelnen auswirken.

Das Spektrum unterschiedlicher Organisationen ist ebenso vielfältig wie die Ziele, die sie verfolgen. Damit gehören neben privaten Unternehmen, die wirtschaftliche Ziele verfolgen, Behörden und Verwaltungen des öffentlichen Dienstes sowie Einrichtungen des Gesundheitswesens als Non-Profit-Organisationen ebenfalls zu diesem breiten Spektrum. Nicht zu vergessen sind Organisationen, bei denen ehrenamtliches Engagement im Vordergrund steht. Hierzu gehören Vereine, Verbünde, Parteien etc.

1.1.4 Trends und Entwicklungen

Welche weiteren Veränderungen, Themen und Trends sind im Bereich Arbeit aktuell oder künftig zu erwarten?

- Die zunehmende *Internationalisierung* und Globalisierung der Märkte und Wirtschaftsbeziehungen erhöhen zum einen den Wettbewerbsdruck für die Unternehmen und ihre Beschäftigten. Zum anderen wachsen die Anforderungen im Bereich Mobilität (Expatriates) und im Umgang mit anderen Kulturen (Interkulturelle Kompetenz, Diversity Management). Dieser Themenbereich wird im Kapitel 4 des zweiten Bandes ausführlicher behandelt.
- Beschäftigte werden sich auch weiterhin mit *Umstrukturierungen* konfrontiert sehen. Ursachen sind z. B. Veränderungen in der Aufbau- und Ablauforganisation, um Geschäftsprozesse zu optimieren (Lean Management, Business Reengineering, Just in Time Management), die Auslagerung von Aufgaben, die nicht zum Kerngeschäft gehören (Outsourcing), Unternehmenszusammenschlüsse (Fusionen, Merger & Acquisitions). Das bedeutet für die Beschäftigten neben der Chance, ihre Arbeitsplätze zu sichern, Unsicherheit und erfordert ein hohes Maß an Flexibilität und Ver-

änderungsbereitschaft. Dieser Themenbereich wird im Kapitel 3 des zweiten Bandes ausführlicher behandelt.

- Die Bedeutung von *Effizienzsteigerung* und *Kosteneinsparung* nimmt auch im Öffentlichen Dienst, im Gesundheits- und Sozialbereich wie auch im Bildungsbereich zu. Durch Deregulierung und den Einsatz moderner Managementsysteme (Zielvereinbarungen, Budgetierung, New Public Management) wird versucht, die Leistungsfähigkeit und Flexibilität dieser Organisationen zu steigern. Dieser Wandel ist mit hohen Anforderungen für die Personal- und Organisationsentwicklung verbunden. Vor allem fachübergreifende Kompetenzen müssen entwickelt und gefördert werden.
- Durch den *demographischen Wandel* ist künftig zum einen ein Mangel an Fach- und Führungskräften zu erwarten. Unternehmen werden ihre Anstrengungen im Bereich Personalgewinnung (Rekrutierung) und Mitarbeiterbindung (Commitment, Employer Brand) erhöhen müssen, um im Wettbewerb um den qualifizierten Fach- und Führungsnachwuchs zu bestehen (War for Talents, Brain Drain). Zum anderen werden der Altersdurchschnitt und die Altersheterogenität der Belegschaften zunehmend steigen. Das bedeutet weitere Herausforderungen für die Personal- und Organisationsentwicklung z. B. durch die Entwicklung altersdifferenzierter Arbeitssysteme.
- Wachsende Anforderungen und Belastungszunahme bei gleichzeitig steigenden Gesundheitskosten erfordern nicht nur mit Blick auf eine längere Lebensarbeitszeit eine nachhaltige *betriebliche Gesundheitsförderung* (BGF). Hinzu kommt, die Vereinbarkeit von Arbeit und Familie zu verbessern (Work-Life-Balance).

Fragen zur Selbstüberprüfung

1. Was versteht man unter den »zwei Gesichtern« der Arbeit?
2. Welche Formen der Arbeit lassen sich unterscheiden?
3. Was sind die Bestimmungsmerkmale einer Organisation?

1.2 Das Fach und seine Systematik

1.2.1 Soziotechnische Perspektive

Welche Perspektiven bietet nun die Arbeits-, Organisations- und Wirtschaftspsychologie (AOW-Psychologie) für die Analyse und Gestaltung von Arbeit und Organisationen an? Aus der Perspektive des soziotechnischen Systemansatzes steht die Arbeit bzw. Arbeitsaufgabe im Mittelpunkt der Betrachtung:

1. Zur Erfüllung der Aufgabe bedarf es einer *technischen Lösung*, wobei die Art und Weise des Technikeinsatzes als technisches Teilsystem erheblichen Einfluss auf die konkreten Arbeitsbedingungen hat.
2. Außerdem bedarf es einer *organisatorischen Lösung* für die Abläufe, die Koordination der unterschiedlichen Teams und Bereiche sowie die Entscheidungsprozesse.
3. Gleichzeitig besteht die Organisation aus *einzelnen Individuen* mit ihren jeweiligen Leistungsvoraussetzungen, Motiven und Bedürfnissen. Je nach Organisationsform agieren die einzelnen Mitarbeiter nicht isoliert, sondern kooperieren in Teams oder Gruppen, kommunizieren über Abteilungsgrenzen hinweg und werden durch Vorgesetzte beeinflusst und geführt.
4. Damit ergibt sich die *Interaktion* als weitere Betrachtungsebene.

Allerdings schwebt das Gesamtsystem nicht im luftleeren Raum, sondern ist eingebunden in ein Marktumfeld mit Mitbewerbern, Kunden und Lieferanten. Dieses Marktumfeld ist wiederum eingebunden in ein gesellschaftliches und soziales Umfeld mit entsprechenden Gesetzen, Vorschriften und eine natürliche Umwelt mit entsprechenden Ressourcen.

Die soziotechnische Perspektive betont einerseits die wechselseitigen Abhängigkeiten von Individuum, Technik und Organisation, erlaubt es aber gleichzeitig, die einzelnen Teilsysteme (Mensch, Technik und Organisation) in Bezug auf die Arbeitsaufgabe genauer zu betrachten, wie folgende Fragestellungen beispielhaft verdeutlichen:

- Wie wirken sich Merkmale der Organisation (Spezialisierung, Größe, Gruppenarbeit) auf die Arbeit (Qualität, Fehler) und auf das Individuum (Engagement, Gesundheit) aus?
- Wie wirken sich Merkmale des Individuums (Einstellungen, Motive, Qualifikationen) auf die Arbeit (Qualität, Leistung) und die Organisation (Bindung, Loyalität) aus?
- Wie wirken sich Merkmale der Technik (Automatisierungsgrad, Ergonomie) auf das Individuum und die Produktivität aus?

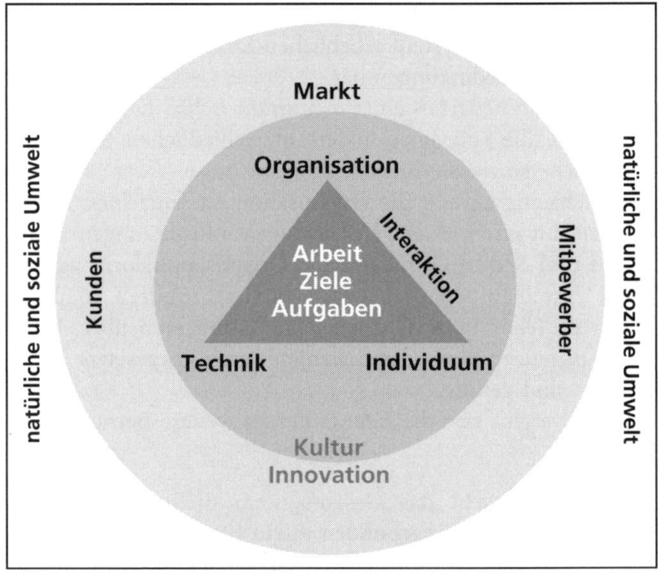

Abb. 1: Soziotechnische Perspektive

1.2.2 Teildisziplinen und Nachbarfächer

Die AOW-Psychologie setzt sich als angewandte Disziplin aus unterschiedlichen Teildisziplinen zusammen, die sich auf die jeweiligen psychologischen Grundlagenfächer beziehen. Außerdem weist sie interdisziplinäre Überschneidungen mit anderen Nachbarfächern auf.

Je nachdem, welche der oben genannten Ebenen im Vordergrund steht, kommen die unterschiedlichen Teilgebiete der AOW-Psychologie zum Tragen. Steht die konkrete Arbeitstätigkeit bzw. Aufgabe mit ihren Chancen und Risiken für das Individuum im Mittelpunkt, fällt die Thematik in den Bereich der *Arbeitspsychologie* als Teildisziplin (Frieling & Sonntag 1999; Ulich, 2001). Die dazugehörige Grundlagendisziplin ist vor allem die Allgemeine Psychologie. Zu den Nachbarwissenschaften zählen die Arbeitswissenschaften (Luczak & Volpert, 1997) und die Ingenieurwissenschaften, aber auch die Arbeitsmedizin.

Interessieren vor allem die individuellen Leistungsvoraussetzungen sowie deren Diagnose und Veränderung, handelt es sich um das Gebiet der *Personalpsychologie*, die zwar im Namen des Faches AOW-Psychologie nicht extra genannt wird, sich aber mittlerweile etabliert hat (Schuler, 2006). Als psychologische Grundlagenwissenschaften können hier vor allem Persönlichkeits- und Differentielle Psychologie sowie Diagnostik genannt werden. Nachbarwissenschaft ist hier die BWL, insbesondere das Personalmanagement.

Geht es um Einstellungen und Wahrnehmung der Organisation als Ganzes oder auch um die Ebene der Interaktion, befinden wir uns im Bereich der *Organisationspsychologie* (Schuler, 2007). Da es sich hierbei um soziale Kognitionen, Kommunikation und Gruppenprozesse handelt, ist in erster Linie die Sozialpsychologie die zugehörige Grundlagenwissenschaft.

Der Begriff der *Wirtschaftspsychologie* wird unterschiedlich verwendet. Zum einen wird er als Oberbegriff für alle Teilbereiche verwendet (Wiswede, 1991), wobei deutlich gemacht werden soll, dass die überwiegende Zahl der Anwendungsbezüge der Arbeits- und Organisationspsychologie im Wirtschaftskontext liegen. Immerhin handelt es sich bei den meisten Organisationen, die nicht zu den Wirtschaftsunternehmen zählen, zumindest um wirtschaftende Organisationen. Wirtschaftspsychologie im engeren Sinne hingegen konzentriert sich auf das Erleben und Verhalten von Wirtschaftssubjekten in der Rolle von Konsumenten, Sparern, Steuerzahlern etc. Die zentralen Teilgebiete sind die Markt- und Werbepsychologie, die Konsumentenpsychologie und die Finanzpsychologie (Felser, 2007, in Vorb.; Kirchler, 2011; Moser, 2002; Traut-Mattausch, in Vorb.). Dem hat auch die Fachgruppe »Arbeits- & Organisationspsychologie« der Deutschen Gesellschaft für Psychologie Rechnung getragen, indem Sie sich in Arbeits-, Organisations- und Wirtschaftspsychologie umbenannt hat.

Im weiteren Umfeld des Faches sind mit einem spezifischen Anwendungsfeld die *Verkehrspsychologie* und die *Luft- und Raumfahrtpsychologie* angesiedelt. Im englischsprachigen Raum finden sich unterschiedliche Bezeichnungen für das Fach: Work and Organizational Psychology, Industrial and Organizational Psychology, Occupational Psychology, Vocational Psychology.

1.2.3 Fachverbände und Publikationsorgane

Während Lehrbücher eine Einführung und einen Überblick über den bisherigen Forschungsstand geben, werden die aktuellen Forschungsergebnisse auf Tagungen und Kongressen präsentiert und in einschlägigen Fachzeitschriften publiziert. Hierzu zählen zum Beispiel die deutschsprachige »Zeitschrift für Arbeits- und Organisationspsychologie« oder die »Zeitschrift für Arbeitswissenschaft«. Darüber hinaus gibt es eine Vielzahl internationaler Journals. Eine kleine Auswahl wird im Folgenden aufgelistet:

- Academy of Management Journal
- Academy of Management Review
- Applied Psychology: An International Review
- European Journal of Work and Organizational Psychology
- Human Relations
- Journal of Applied Psychology
- Journal of Occupational and Organizational Psychology
- Journal of Occupational Health Psychology
- Journal of Personnel Psychology
- Journal of Vocational Behavior
- Leadership Quarterly

Psychologen, die als Wissenschaftler oder Praktiker die im Bereich der AOW arbeiten, sind in der Regel in unterschiedlichen Fachgesellschaften wie zum Beispiel der Fachgruppe AOW-Psychologie der »Deutschen Gesellschaft für Psychologie« (DGPs) oder in der Sektion Wirtschaftspsychologie im »Berufsverband Deutscher Psychologen« (BDP) organisiert. Internationale Vereinigungen sind zum Beispiel die »European Association of Work and Organizational Psychology« (EAWOP) oder die »Society for Industrial and Organizational Psychology« (SIOP), die Teil der »American Psychological Association« (APA) ist. Aufgabe der Fachverbände ist es, die Weiterentwicklung der Disziplin zu unterstützen und die Interessen der Mitglieder zu fördern. Dies geschieht u. a. durch die Ausrichtung von Tagungen und Kongressen, der Herausgabe von Zeitschriften, Öffentlichkeitsarbeit und Förderung des eigenen Nachwuchses z. B. durch Doktorandenworkshops.

1.2.4 Ziele und Gestaltungskriterien

AOW-Psychologen sind in unterschiedlichen Praxisfeldern tätig. Zu den prominentesten Aufgaben und *Tätigkeitsfeldern* zählen die Arbeitsanalyse und -gestaltung, die betriebliche Gesundheitsförderung, die Personalentwicklung und Personalauswahl, die Organisationsentwicklung sowie die Beratung i. w. S.

Dabei befindet sich die AOW-Psychologie als Anwendungsfach zum Teil in einem Spannungsfeld konfligierender Ziele und Interessen. Als Psychologie ist sie vor allem *Humanzielen*, d. h. dem Wohl der Menschen in den Organisationen verpflichtet. Gemäß der Präambel der *Berufsordnung* ist es Aufgabe und Verantwortung der Psychologen, das Wissen über den Menschen zu vermehren, zum Wohle des Einzelnen und der Gesellschaft im Bewusstsein sozialer Verantwortung beizutragen, die Integrität und Würde des Individuums zu achten, fundamentale menschliche Rechte zu schützen und gegenüber Faktoren, die zu Missbrauch oder falscher Anwendung führen, wachsam zu sein. Typische Beispiele hierfür sind der Abbau von Gesundheitsrisiken am Arbeitsplatz, Erhöhung der

Handlungs- und Entscheidungsspielräume der Mitarbeiter sowie Maßnahmen zur Verbesserung der Vereinbarkeit von Familie und Beruf.

Aber auch aus Sicht der Organisationen lässt sich ein legitimer Anspruch formulieren, wenn nach dem Nutzen der Arbeits- und Organisationspsychologie für die Leistungs- und Wettbewerbsfähigkeit von Organisationen und Unternehmen gefragt wird. In diesem Fall stehen *ökonomische Ziele* im Vordergrund. Typische Beispiele sind die Eignungsdiagnostik bzw. Personalauswahl oder die Implementierung von Instrumenten, mit denen der Leistungsdruck erhöht und die Kontrolle der Mitarbeiter verstärkt wird.

Je nachdem, welche Ziele als die übergeordneten verstanden werden, formulieren Arbeits- & Organisationspsychologen ihr Selbstverständnis eher als *arbeitnehmerorientiert* oder als *arbeitgeberorientiert.* Beide Seiten können sicherlich für sich beanspruchen, mit ihren jeweiligen Prämissen auch der jeweils anderen Seite zu nützen. So lässt sich argumentieren, dass eine nachhaltige Gesundheitsförderung und Steigerung der Zufriedenheit (Humanziele) am Ende auch die Leistungsbereitschaft und Leistungsfähigkeit steigert und damit langfristig indirekt den Unternehmen nützt (ökonomische Ziele). Zugespitzt lässt sich sogar fragen, inwieweit ein Unternehmen langfristig erfolgreich sein kann, wenn die Mitarbeiter unzufrieden sind und sich kaum mit dem Unternehmen identifizieren.

Die andere Sichtweise geht umgekehrt davon aus, dass zunächst die Leistungs- und Wettbewerbsfähigkeit und damit der Bestand der Organisation gewährleistet sein müssen, bevor langfristige Humanziele verfolgt werden können. In einem Unternehmen, das in seiner Existenz gefährdet ist, lassen sich ungleich schwerer Belastungen abbauen und Ressourcen entwickeln als in einem gesunden Unternehmen.

Es scheint also durchaus berechtigt, Humanziele und ökonomische Ziele gleichermaßen zu berücksichtigen und ihre wechselseitige Abhängigkeit anzuerkennen. Es hat sich auch gezeigt, dass es eine Reihe von Maßnahmen und Interventionen gibt, die beiden Zielen gleichermaßen dienen. So erweisen sich Maßnahmen, durch die die Handlungs- und Entscheidungsmöglichkeiten von Mitarbeitern auf unteren Hierarchieebenen erhöht werden (Partizipation, Gruppenarbeit), als leistungssteigernd. Gleichzeitig werden hierdurch zentrale Humanziele verfolgt.

Während sich die ökonomischen Ziele und Kriterien anhand von betriebswirtschaftlichen Kennziffern für Umsatz, Rendite, Leistungskennziffern, Produktivität vergleichsweise einfach konkretisieren und messen lassen, fällt dies bei den Humanzielen etwas schwerer. In der Arbeitspsychologie haben Rohmert und Rutenfranz (1983) sowie Hacker (1998) unterschiedliche *Ziele bzw. Kriterien der Arbeitsgestaltung* formuliert.

- Das erste Kriterium ist die *Ausführbarkeit*. Eine Arbeit bzw. Arbeitsaufgabe gilt als ausführbar, wenn die dem Menschen abverlangte Leistung die Grenzen der individuellen physischen und psychischen Leistungskapazität nicht überschreitet. Dieses Kriterium ist damit als Mindestvoraussetzung anzusehen.
- Das zweite Kriterium ist das der *Erträglichkeit bzw. Schädigungslosigkeit*. Eine Arbeit bzw. Aufgabe wird als erträglich bezeichnet, wenn sie nicht nur kurzfristig ausführbar ist, sondern auch langfristig ohne gesundheitliche Schädigungen erbracht werden kann.
- Mit dem dritten Kriterium der *Zumutbarkeit bzw. Beeinträchtigungsfreiheit* ist gemeint, dass eine Arbeit nicht nur ohne gesundheitliche Risiken längerfristig ausführbar ist (Ausführbarkeit und Erträglichkeit), sondern subjektiv auch als zumutbar oder akzeptabel empfunden wird.
- Das vierte Kriterium der *Zufriedenheit bzw. Persönlichkeitsförderlichkeit* stellt den höchsten Anspruch an eine Arbeitsaufgabe bzw. Tätigkeit. Zumutbarkeit bzw. Beeinträchtigungsfreiheit vorausgesetzt, führt eine Arbeit zu Zufriedenheit bzw. gilt als persönlichkeitsförderlich, wenn sie dazu beiträgt, dass Mitarbeiter ihre Kenntnisse und Fertigkeiten umfassend nutzen und weiterentwickeln können, und es ihnen weitgehend gelingt, ihre individuellen Bedürfnisse und Interessen in ihrer Arbeit zu verwirklichen.

Mit diesem weitgehenden Gestaltungsanspruch deckt sich das Kriterium der Persönlichkeitsförderlichkeit weitgehend mit dem aktuelleren Kriterium der *Gesundheitsförderlichkeit.*

Das folgende Kapitel gibt einen historischen Überblick, mit welchen Konzepten und Maßnahmen die oben genannten Ziele und Kriterien verfolgt werden.

Zusammenfassung

Im vorangehenden Kapitel wurden die zentralen Begriffe, Fragestellungen und Ziele des Faches vermittelt. Hierzu wurden die zwei Gesichter der Arbeit verdeutlicht, unterschiedliche Formen der Arbeit unterschieden sowie der Begriff der Organisation eingeführt. Mithilfe des soziotechnischen Systemansatzes wurde die Systematik des Faches erläutert und die Schnittstellen zu Nachbarfächern aufgezeigt. Abschließend wurden die Kriterien psychologischer Arbeitsgestaltung eingeführt.

Fragen zur Selbstüberprüfung

1. Was versteht man unter dem soziotechnischen Systemansatz?
2. Was sind die zentralen Gestaltungskriterien für Arbeit?
3. Mit welchen Zielkonflikten ist das Fach der AOW-Psychologie konfrontiert?

2 Zentrale Konzepte und Entwicklungsstufen

Inhalt
Der folgende historische Überblick vermittelt, mit welchen unterschiedlichen Konzepten und Maßnahmen die im vorangehenden Kapitel genannten Ziele und Kriterien verfolgt wurden. Sie lernen dazu die zentralen Konzepte und ihren jeweiligen historischen Kontext kennen. Zentrale Themen sind der Taylorismus und der Bürokratieansatz als Organisationskonzepte, Ergonomie und Eignungsdiagnostik als Konzepte zur gegenseitigen Anpassung von Mensch und Arbeit sowie der Human Relations Ansatz, der die sozialpsychologische Perspektive in den Vordergrund stellt. Abschließend werden Ansätze dargestellt, die die motivationale Bedeutung des Arbeitsinhalts in den Mittelpunkt stellen.

Die historische Perspektive hilft, die Entstehung und Entwicklung der unterschiedlichen Zugänge vor dem Hintergrund ihres sozioökonomischen Kontexts mit den jeweils damit verbundenen Menschenbildern zu verstehen. Die historische Systematik bedeutet jedoch nicht, dass »ältere« Paradigmen nicht mehr aktuell sind, oder nicht von Zeit zu Zeit wieder neu entdeckt werden. Einige der in dieser Übersicht angesprochenen Themen wie z.B. die Eignungsdiagnostik oder Führung werden nur kurz angerissen und an späterer Stelle ausführlich behandelt, um den historischen Überblick nicht zu überfrachten.

Die mittlerweile 100-jährige Geschichte der Arbeits- und Organisationspsychologie lässt sich nach Volpert (1985) in vier Stufen unterteilen. In den ersten drei Stufen geht es um die Frage, wie Mensch und Arbeit optimal aufeinander abgestimmt werden können.

Dabei handelt es sich um:

1. den *Taylorismus*,
2. die *individualwissenschaftliche Stufe* und
3. die *gruppenwissenschaftliche Stufe*.

Das geschieht durch eine wechselseitige Anpassung. Das bedeutet einerseits, dass die Arbeitsbedingungen und die Organisation der Arbeit an die menschlichen Erfordernisse angepasst werden, und andererseits, dass der Mensch z. B. durch Auswahl, Training und Anreizsysteme an die Erfordernisse der Arbeit angepasst wird. Da es lediglich um eine Optimierung der Passung zwischen Mensch und Arbeit im Sinne von Ausführbarkeit, Schädigungsfreiheit und Zumutbarkeit geht und keine weitergehenden Ziele verfolgt werden, ordnet Volpert die zugrunde liegenden Fragen der sogenannten *engeren Fragestellung* zu. Wird jedoch ein weitergehender Anspruch verfolgt, wie es bei der Persönlichkeitsförderlichkeit oder Gesundheitsförderlichkeit der Fall ist, wird der enge Rahmen der wechselseitigen Optimierung verlassen. Die damit erweiterte Fragestellung bezieht sich nämlich nicht nur auf den Menschen an seinem Arbeitsplatz, sondern auf seine gesamte Persönlichkeit. Hierzu gehört auch die Frage, welche Arbeitsbedingungen sich langfristig positiv auf die Persönlichkeit und die Gesundheit auswirken. Die vierte Stufe, in der diese Fragen thematisiert werden, bezeichnet Volpert als

4. die *aktionswissenschaftliche Stufe*.

2.1 Taylorismus

Beim Taylorismus handelt es sich nicht um einen psychologischen Ansatz im eigentlichen Sinne. Daher lässt sich dieser Ansatz im Stufenmodell der Entwicklung eher als Vorstufe bezeichnen und markiert die Pionierzeit der Arbeitspsychologie. Dieser Ansatz ist von besonderer Bedeutung, weil die folgenden Stufen zum Teil aus der kritischen Auseinandersetzung und Abgrenzung zum Taylorismus entstanden sind und tayloristische Formen der Arbeitsorganisation auch heute noch verbreitet und aktuell sind. Bei dem Fordismus und dem Bürokratieansatz handelt es sich um verwandte Konzepte, die ebenfalls unter dieser Perspektive vorgestellt werden.

2.1.1 Wissenschaftliche Betriebsführung zur Überwindung der Klassenkonflikte

Zu Beginn des letzten Jahrhunderts war die Industrialisierung bereits recht weit fortgeschritten und befand sich im Übergangsstadium zur mechanisierten Massenproduktion. Allerdings wurde sie begleitet durch heftige Auseinandersetzungen zwischen Kapital und Arbeit. Die wirtschaftliche Entwicklung und der zu erwartende Wohlstand schienen immer wieder durch Streiks und heftige Auseinandersetzungen in Gefahr zu geraten. Je mehr die eine Seite versuchte, durch *Ausbeutung*, *Hungerlöhne* und schlechte Arbeitsbedingungen auf Kosten der Arbeiter Profit zu machen, umso mehr setzten diese sich durch *Leistungszurückhaltung, Streik und Sabotage* zur Wehr, was wiederum die Unternehmer zu harten Reaktionen provozierte (blutige Niederschlagung von Streiks, Aussperrung, Einsatz von Streikbrechern, Gewerkschaftsverbot).

Diese unproduktive Dynamik bedeutete aus Sicht von F. W. Taylor (1856–1915) eine ungeheure *Verschwendung von gesellschaftlichen Ressourcen* und gefährdete unmittelbar den Wohlstand. Seine Idee war, das Konfliktpotenzial und die zugrunde liegenden Interessengegensätze zwischen Kapital und Arbeit durch eine wissenschaftliche Lösung, den »*Principles of Scientific Management*«, zu überwinden (Taylor, 1913/1977). Durch die Befolgung der »Grundsätze wissenschaftlicher Betriebsführung« wird nicht nur eine maximale Produktivität erzielt, sondern auch die kräftezehrende Auseinandersetzung überflüssig. Die Wissenschaft als objektive, neutrale Instanz sorgt für einen rationalen, *fairen Ausgleich*, von dem nach Taylors Überzeugung beide Seiten und letztlich die Gesellschaft durch höhere Produktivität profitieren.

Die Vorteile für die Arbeiter bestehen nach Taylors Vorstellungen darin, dass sie keine Ausbeutung mehr befürchten müssen, da die Leistungsforderungen und Löhne fair und objektiv ermittelt werden. Durch die *Produktivitätssteigerung* können sie sogar Lohnzuwächse und mehr *Wohlstand* erwarten. Die Vorteile für die Unternehmen liegen vor allem in der Produktivitätssteigerung und in der Reduzierung des Konfliktpotenzials durch eine wissenschaftliche Legitimation des Managements.

Wodurch kann nun die Produktivität konkret gesteigert werden?

2.1.2 Die Prinzipien der wissenschaftlichen Betriebsführung

Auf den durch Arbeitsteilung zu erzielenden Produktivitätszuwachs hatte bereits Adam Smith (1776) in seinem Buch »Der Wohlstand der Nationen« hingewiesen: »Sie [die Stecknadelherstellung] zerfällt vielmehr in eine Reihe getrennter Arbeitsgänge, die zumeist zur fachlichen Spezialisierung geführt haben. Der eine Arbeiter zieht den Draht, der andere streckt ihn, ein dritter schneidet ihn, ... so waren die Arbeiter imstande, täglich etwa 48 000 Nadeln herzustellen, jeder also 4800 Stück. ... hätten sie indes alle einzeln und unabhängig voneinander gearbeitet, ... so hätte der einzelne gewiss nicht einmal 20 ... zustande gebracht«. Die Grundidee des Taylorismus besteht auf einer konsequenten Fortführung des Prinzips der *Arbeitsteilung* (allgemeine Partialisierung) durch die *Trennung von Hand- und Kopfarbeit* innerhalb einer Aufgabe (spezifische Partialisierung). Dabei übernimmt das Management jegliche Kopfarbeit (Ziele formulieren, Entscheidungen treffen, planen etc.) und die Arbeiter übernehmen die Handarbeit (manuelle Ausführung). Durch die hohe horizontale und vertikale *Spezialisierung* können die einzelnen Aufgabenteile leichter analysiert und optimiert werden.

Waren die einzelnen Arbeitenden bislang die »Experten« für Ihren Arbeitsplatz und ihre Arbeit, soll diese Expertise nun aus den Köpfen der Arbeitenden »extrahiert« und vom *Arbeitsbüro* analysiert werden, um dann die optimale Lösung zu ermitteln. Die Arbeitenden selbst sind nach Taylors Meinung mit dieser Aufgabe überfordert. Die optimale Lösung wird dann für alle als verbindliche *Norm bzw. Vorschrift* vorgegeben. Der einzelne Arbeitnehmer braucht sich nun keine Gedanken zu machen, wie er die Aufgabe am besten erledigt, und das Management kann sicher sein, dass an allen Stellen optimal gearbeitet und nirgends Leistung bewusst zurückgehalten wird. Die optimale Gestaltung und Organisation der Arbeit wird durch das Arbeitsbüro gewährleistet.

Wie wird nun die optimale Lösung oder »*One best way*« ermittelt? Als Erstes werden die Ausführungsschritte einer Arbeit in möglichst kleine Schritte zerlegt, um dann in *Zeit- und Bewegungsstudien* zu analysieren, welche Variante die beste ist. Als Zweites wird untersucht, ob es noch weitere Möglichkeiten der *Optimierung* bei den Abläufen oder bei den Arbeitsmitteln gibt. Das Ergebnis mündet als *Normierung und Standardisierung* in einer *exakten Vorschrift*, die künftig von allen Arbeitenden genau zu befolgen ist und die bei Bedarf weiter verbessert werden kann. Wenn an einem Arbeitsplatz nur eine Teilaufgabe zu erledigen ist, entfallen auch die Verrichtungen, die sonst mit dem Übergang bzw. dem Wechsel von einer Aufgabe zu einer anderen (*Aufgabenübergang*) verbunden sind (Standortwechsel, Werkzeugwechsel). Entsprechend kann auch die Ausstattung des Arbeitsplatzes mit Werkzeug und Material reduziert werden.

Beispiel

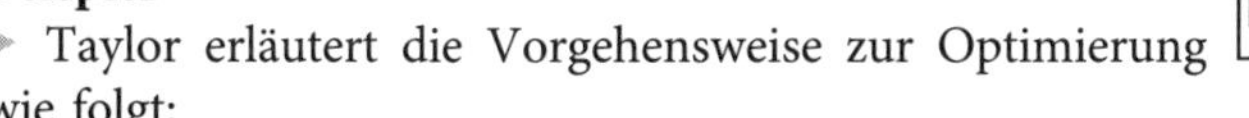

Taylor erläutert die Vorgehensweise zur Optimierung wie folgt:

1. Man suche 10 oder 15 Leute, die in der speziellen Arbeit, die analysiert werden soll, besonders gewandt sind.
2. Man studiere die genaue Reihenfolge der grundlegenden Operationen, welche jeder einzelne dieser Leute immer wieder ausführt, wenn er die fragliche Leistung verrichtet, ebenso die Werkzeuge, die jeder einzelne benutzt.
3. Man messe mit der Stoppuhr die Zeit, welche zu jeder dieser Einzeloperationen nötig ist, und suche dann die schnellste Art und Weise herauszufinden.
4. Man schalte alle falschen, zeitraubenden und nutzlosen Bewegungen aus.

5. Nach Beseitigung aller unnötigen Bewegungen stelle man die schnellsten und besten Bewegungen, ebenso wie die besten Arbeitsgeräte tabellarisch in Serien geordnet zusammen. ◀◀

Allerdings betont Taylor, dass es nicht Ziel dieser Untersuchungen sei herausfinden, welches Maximalquantum an Arbeit ein Arbeiter während einer kurzen Zeit zu leisten imstande ist, sondern die angemessene Tagesleistung eines guten Arbeiters zu ermitteln, die über einen längeren Zeitraum erwartet werden kann, ohne dass dabei körperliche oder seelische Risiken zu befürchten sind. Für die so ermittelte Arbeitsmenge (Pensum) wird dann der *Pensumlohn* als entsprechende Bezahlung festgelegt, der durch die Produktivitätssteigerung deutlich über sonst üblichen Löhnen lag. Taylor war also in diesem Sinne kein Verfechter des Akkordlohns, der in Abhängigkeit von der Arbeitsmenge gezahlt wird, sondern für ein zuvor festgelegtes »faires« Verhältnis von Leistung und Bezahlung. Wurde die Leistung jedoch nicht erbracht, hatten die Arbeitenden mit entsprechendem Abzug zu rechnen (Malusprinzip). Dieses Vorgehen gewährleistet nicht nur optimale Arbeitsabläufe, sondern hat *weitere Vorteile.*

Erklärung

▶ 1. Zeitverluste durch *unnötigen Versuch und Irrtum* sind ausgeschlossen,
2. durch die Wiederholung einfachster Abläufe stellt sich rasch ein *Übungsgewinn* ein, weil die wenigen Handgriffe nach einiger Zeit beinahe automatisch – ohne störendes Denken – vollzogen werden können (Lernkurveneffekt),
3. die Möglichkeit der Leistungszurückhaltung und der Aufwand für die Kontrolle der Arbeit reduzieren sich, weil die Anforderungen an die Leistung und die Art der *Leistung transparent* sind,
4. aufgrund der geringen Qualifikationserfordernisse ist es leicht, neue Arbeitskräfte zu rekrutieren
5. und die *Kosten für die Anlern- und Ausbildungszeiten* sind gering. ◀◀

Wie lassen sich die Arbeiter für dieses neue System gewinnen? Zur *Motivation* setzte Taylor vor allem auf eine *bessere Bezahlung*, wie folgendes Beispiel zeigt.

Beispiel

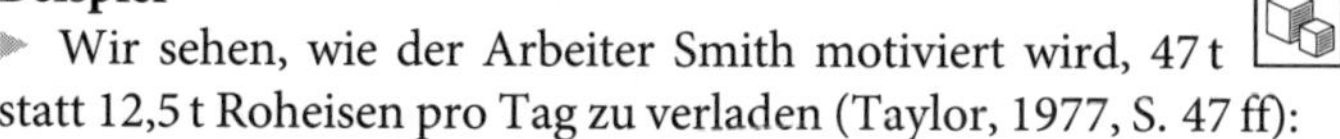

► Wir sehen, wie der Arbeiter Smith motiviert wird, 47 t statt 12,5 t Roheisen pro Tag zu verladen (Taylor, 1977, S. 47 ff):

T: Smith, sind Sie eine erste Kraft?

S: Ich kann Sie nicht verstehen.

T: Ich möchte wissen, ob Sie eine erste Kraft sind, oder einer, der den übrigen billigen Arbeitern gleicht. Ich möchte wissen, ob Sie 1,85 Dollar verdienen wollen, oder ob Sie mit 1,15 Dollar zufrieden sind, d.h. mit dem, was diese billigen Leute da bekommen.

S: 1,85 Dollar verdienen wollen, heißt man das eine erste Kraft? Na, dann bin ich so einer.

T: Sie machen mich ärgerlich. Freilich wollen Sie 1,85 Dollar pro Tag, das will jeder. Sie wissen recht gut, dass das sehr wenig damit zu tun hat, ob Sie eine erste Kraft sind. Antworten Sie endlich auf meine Fragen und stehlen Sie mir nicht meine Zeit! Kommen Sie hierher, sehen Sie diesen Haufen Roheisen?

S: Ja.

T: Sehen Sie diesen Waggon?

S: Ja.

T: Wenn Sie eine erste Kraft sind, dann laden sie dieses Roheisen morgen für 1,85 Dollar in den Waggon! Nun wachen Sie auf und antworten Sie auf meine Fragen! Sagen Sie mir, sind Sie eine erste Kraft, oder nicht?

S: Well, bekomme ich 1,85 Dollar, wenn ich diesen Haufen Roheisen morgen da auf den Wagen lade?

T: Ja natürlich, und tagtäglich, jahraus, jahrein bekommen Sie 1,85 Dollar für jeden solchen Haufen, den Sie verladen, das ist, was eine erste Kraft tut.

S: Well, das ist in Ordnung. Ich kann also dieses Roheisen morgen für 1,85 Dollar auf den Wagen laden und bekomme das jeden Tag, ja?

T: Gewiss, gewiss.

S: Well, dann bin ich eine erste Kraft.

T: Wenn Sie nun eine erste Kraft sind, dann werden Sie morgen genau tun, was dieser Mann Ihnen sagt, und zwar von morgens bis abends. Wenn er sagt, Sie sollen einen Roheisenbarren aufheben und damit weitergehen, dann heben Sie ihn auf und gehen damit weiter! Wenn er sagt, Sie sollen sich niedersetzen und ausruhen, dann setzen Sie sich hin! Das tun Sie ordentlich den ganzen Tag über. Und was noch dazukommt, keine Widerrede! Eine erste Kraft ist ein Arbeiter, der genau tut, was ihm gesagt wird, und nicht widerspricht. Verstehen Sie mich? Wenn dieser Mann zu Ihnen sagt, »Gehen Sie!«, dann gehen Sie, und wenn er sagt »Setzen Sie sich nieder!«, dann setzen Sie sich und widersprechen ihm nicht. ◀◀

Taylor vertrat konsequenterweise die Ansicht, dass seine Prinzipien nicht nur auf die Produktion, sondern auch auf das Management Anwendung finden sollte. So sollten auch Führungsaufgaben, zunächst die der Meister, aufgeteilt, standardisiert und optimiert werden. So schlug Taylor ein *funktionales Mehrlinien-Führungssystem* vor mit mehreren Vorgesetzten (Funktionsmeister), die für unterschiedliche Aufgaben verantwortlich waren (Aufsicht, Instandhaltung, Unterweisung etc.). Diese Vorstellungen konnten sich allerdings nicht durchsetzen, da das Management Machteinbußen befürchtete. Taylors Prinzipien wurden in Deutschland wie auch in den meisten Industrieländern erhebliche Beachtung geschenkt. Zur praktischen Umsetzung der Prinzipen, insbesondere der Durchführung von Zeit- und Bewegungsstudien, wurde 1924 in Deutschland der Reichsausschuss für Arbeitszeitermittlung (REFA) gegründet, der heute noch als »Verband für Arbeitsgestaltung, Betriebsorganisation und Unternehmensentwicklung« mit einem modernen und erweiterten Aufgabenspektrum besteht. Zeit- und Bewegungsstudien haben sich bereits früh als zentrale Methode der Arbeitsanalyse etabliert (Gilbreth, 1911; Pigage & Tucker, 1954).

Auch wenn Taylors Prinzipien wie bereits erwähnt keinen explizit psychologischen Hintergrund haben, lassen sich aus heutiger Sicht psychologische Annahmen und Prinzipien identifizieren, die auch in aktuellen Konzepten maßgeblich sind. Aktuelle Ansätze, die auf dem Prinzip der Zielsetzung basieren (Path-goal-Theorie; Management by Objectives, Balanced Score Card), betonen zum Beispiel die Bedeutung von klaren, messbaren Zielen, Feedback und systematischer Belohnung. Auch Taylors System basiert auf der psychologischen Annahme, dass klare, herausfordernde Ziele leistungssteigernd wirken, wenn sichergestellt ist, dass sie erreichbar sind, der Grad der Erreichung durch entsprechendes Feedback transparent ist und die Erreichung entsprechend belohnt wird.

2.1.3 Fordismus

Als parallele Entwicklung wurde etwa zur gleichen Zeit, im Jahr 1917, in der Automobilproduktion bei der Ford Motor Company Dearborn (Michigan) erstmalig das *Fließband* eingeführt. Diese Innovation ist wohl in erster Linie *Henry Ford* zuzuschreiben. Taylor hatte bei der Entwicklung seiner Prinzipien noch nicht die mechanisierte Massenfertigung, sondern die Werkstattfertigung in Fabriken und Manufakturbetrieben vor Augen. Mit dieser Innovation wurde aber eine Lösung für ein zentrales Problem in Taylors System der extrem arbeitsteiligen Produktion gefunden. Wenn ein Arbeitender nur noch wenige Handgriffe mit einem Werkstück zubringt, muss gewährleistet sein, dass neue Werkstücke zugeführt werden und die bearbeiteten Stücke zur Weiterbearbeitung weitergeleitet werden. Entweder müssen andere Arbeiter für den Transport sorgen oder es entstehen unproduktive Unterbrechungen und Pausen, weil sich der Arbeitende selbst um den Transport kümmern muss.

Mit dem Fließband wird dieses *Transportproblem* ohne weiteres Personal gelöst, und der Arbeitende muss seinen Arbeitsplatz nicht verlassen. Damit das Band kontinuierlich laufen kann, ergeben sich für die einzelnen Arbeitsplätze nur kurze Taktzeiten, in denen nur Zeit für wenige Handgriffe bleibt. Auch heute sind in der Automobilindustrie Taktzeiten von weniger als einer Minute keine Seltenheit. Der Aufwand für die Einhaltung und Kontrolle der ermittelten Zeitvorgaben erfolgt in der Fließproduktion automatisch durch das Band.

Damit ergänzen sich die Prinzipien des Taylorismus und der Fließfertigung. Beide basieren auf den folgenden Prinzipien:

1. *Spezialisierung* (extreme Arbeitsteilung),
2. *Standardisierung* und *Mechanisierung* der Ausführung und
3. *Zentralisierung* (Planung, Steuerung und Kontrolle).

Tatsächlich konnte durch diese Produktionsform die Produktivität erheblich gesteigert werden. Waren zuvor für die Montage eines Fahrzeugs über 12 Stunden erforderlich, konnte der Aufwand durch die Fließfertigung auf 90 Minuten reduziert werden. Dadurch konnten Kosten erheblich gesenkt werden, und der Verkaufspreis sank von ursprünglich 950 auf 290 Dollar. Durch die Produktivitätssteigerung konnten dann höhere Löhne gezahlt werden. Die Massenproduktion ermöglichte nicht nur eine Steigerung der Produktivität, sondern verschaffte auch Vorteile im Einkauf. Je höher die Produktionszahlen, umso eher lassen sich die Stückkosten durch Rationalisierungsmaßnahmen senken (Spezialisierung, Standardisierung, Optimierung). Dieses Prinzip wird auch als *Economy of Scale* bezeichnet. Die kostengünstige *Massenproduktion* und die Entstehung bzw. Ermöglichung einer *Massennachfrage* durch niedrigere Preise und höhere Löhne haben erheblich zum gesellschaftlichen Wohlstand beigetragen. Ford war mit seiner neuen Methode der Fließfertigung so erfolgreich, dass sich diese Produktionsform nicht nur in der Automobilindustrie, sondern auch in anderen Bereichen der modernen Massenproduktion als Standard durchgesetzt hat und bis heute aktuell ist. Da das Fließband sowohl in Bezug auf die Einführung als auch dessen Beibehaltung – anderenorts wurden bereits Konzepte der Gruppenarbeit erprobt – eng mit dem Namen Ford verbunden ist, wird diese Produktionsform auch als *Fordismus* bezeichnet. Doch auch wenn nicht Taylor, sondern Ford die Einführung des Fließbandes zuzuschreiben ist, verbinden wir heute aufgrund der engen Verschränkung beider Konzepte dennoch den Taylorismus mit der Arbeit am Fließband.

2.1.4 Bürokratieansatz

Während die Ansätze von Taylor und Ford vor allem für die industrielle Produktion richtungsweisend waren, stellte sich die Frage, nach welchen Prinzipien die wachsenden Verwaltungen in der Wirtschaft wie auch im öffentlichen Bereich zu organisieren sind. Das zentrale Leitbild für den Fortschritt jener Zeit ist die Maschine, die nach rationalen naturwissenschaftlichen Prinzipien funktioniert: »Es läuft wie geschmiert!« Entsprechend formuliert der Bürokratieansatz des deutschen Soziologen Max Weber (1922) einen Weg, Verwaltungshandeln nach rationalen Gesichtspunkten zu gestalten. Nach Weber bietet die bürokratische Verwaltung ein Höchstmaß an Qualität, Verlässlichkeit und Berechenbarkeit. Sie ist damit die »rationalste« Form der Herrschaftsausübung, die sich von bestehenden Herrschaftsformen, wie der traditionellen Herrschaft (Feudalismus) oder der charismatischen Herrschaft, abhebt. Kennzeichen der Rationalität sind vor allem Sachlichkeit, Unpersönlichkeit, Berechenbarkeit und damit auch Gerechtigkeit.

Vor diesem Hintergrund ist die Verwaltung arbeitsteilig zu organisieren. Die Verwaltungsakte sind zu *standardisieren und zu formalisieren* sowie nach Rationalitätsgesichtspunkten zusammenzufassen (Zentralisierung, Spezialisierung) und arbeitsteilig zu organisieren. Den einzelnen Stellen oder Ämtern werden feste Aufgabengebiete (Zuständigkeiten) mit entsprechenden Pflichten und Befugnissen zugeordnet. Wie die einzelnen Aufgaben zu erledigen sind, ist durch entsprechende (Dienst-)Vorschriften (Vorschriftsmäßigkeit) und Regeln für die *Amtsführung* festgelegt. Die *Amts- oder Stellenhierarchie* definiert die Über- und Unterstellungsverhältnisse und der Dienstweg den Ablauf von Kommunikations- und Entscheidungsprozessen. Da es beim Verwaltungshandeln im Gegensatz zur Produktion zunächst kein materielles Ergebnis gibt, muss das Handeln schriftlich dokumentiert werden (*Aktenmäßigkeit*). Durch die Aktenführung und die damit verbundene Aufbewahrungspflicht bleiben Verwaltungsakte nachvollziehbar und überprüfbar.

Damit ist gewährleistet, dass die Verwaltungsvorgänge und Entscheidungen nach verbindlichen und festen Regeln und Standards erfolgen und nicht vom Ermessen oder der jeweiligen Kompetenz des aktuellen Stelleninhabers abhängen oder gar der Willkür und dem Gutdünken Einzelner unterworfen sind. Gerade in öffentlichen Verwaltungen sind die Vorschriften an gesetzliche Grundlagen gebunden (Rechtsstaatlichkeit). Die Leitidee des Bürokratieansatzes besteht also in der Schaffung einer rationalen Struktur mit einem entsprechenden Regelwerk, in das sich die jeweiligen Stelleninhaber einzuordnen haben (Dienst nach Vorschrift). Damit ist der Einzelne austauschbar, ohne dass die Funktion des Systems geändert oder gefährdet wird.

Auch wenn der Bürokratieansatz deutlich weniger als der Taylorismus die Arbeitsteilung und Optimierung in der Ausführung in den Vordergrund stellt, lassen sich durchaus Parallelen erkennen. Gemeinsam ist beiden Ansätzen, organisationales Handeln nach rationalen Prinzipien zu gestalten. Zentrale Merkmale sind Arbeitsteilung, Standardisierung und vor allem eine zentrale Steuerung und Kontrolle.

2.1.5 Grenzen und Kritik

Die sich bereits frühzeitig artikulierende Kritik an den durch die Industrialisierung hervorgerufenen Lebens- und Arbeitsbedingungen der Arbeiter richtete sich im besonderen Maß gegen den Taylorismus (Smith, 1776). Der Film »Modern Times« (1936) von Charlie Chaplin ist ein eindrückliches Beispiel hierfür. Probleme der ökonomischen und *gesundheitlichen Ausbeutung* sowie der *psychischen Entfremdung* von der Arbeit schienen durch Taylors Prinzipien weiter verschärft zu werden. Ein zentrales Anliegen späterer Bestrebungen zur Humanisierung und Demokratisierung der Arbeit der 1970er und 80er Jahre lag daher in der Überwindung des Taylorismus. Darüber hinaus erwiesen sich die Prinzipien von Taylor und Ford mit der Abkehr von einer standardisierten Massenproduktion zunehmend als starr und unflexibel. Im Zuge des Wandels vom Verkäufer- zum Käufermarkt erforderten steigende Ansprüche der Kunden und Konsumenten an die *Qualität, Vielfalt und Innovation* der Produkte mit immer kürzeren Produktzyklen zunehmend eine Flexibilisierung der Produktion. Die Trennung von Planung und Ausführung erwies sich zunehmend als Produktivitäts- und Innovationshemmnis. Die Flexibilitätsanforderungen waren mit den Prinzipien einer zentralen Steuerung und Kontrolle und standardisierten Vorschrifts- und Regelwerken immer weniger zu erreichen. Um flexibel auf neue Anforderungen reagieren zu können, mussten die Arbeitenden vor Ort wieder über die notwendigen Qualifikationen, Kompetenzen und Entscheidungsspielräume verfügen, um eigenständig handeln zu können. Entsprechende Konzepte wie *Qualitätszirkel, Gruppenarbeit* oder *Lean Management* (Womack, Jones & Roos, 1992) markieren die Hinwendung zu mehr Partizipation und Autonomie der Beschäftigten bei ihrer Arbeit.

Auch im Verwaltungsbereich sind die Grenzen des Bürokratieansatzes deutlich geworden. War die Bürokratie bei Weber noch ein Sinnbild einer aufgeklärten, rationalen Herrschaft, die dem Bürger Rechtsicherheit bot und ihn vor Willkür schützte, wird der Begriff heute eher mit Unzulänglichkeiten wie Langsamkeit, mangelnder Flexibilität und geringer Effizienz in Verbindung gebracht. Für diese negativen Entwicklungstendenzen gibt es mehrere Erklärungen. Zum einen unterdrückt der Apparat durch Vorschriften, Regeln und Zuständigkeiten individuelle Verantwortung und Initiative. Das wird zusätzlich durch das Fehlen marktwirtschaftlicher Effizienzkriterien und Steuerungssysteme begünstigt. Zum anderen steigert das Prinzip, anstehende und neue Aufgaben und Probleme vor allem durch weitere Vorschriften und Regeln zu bewältigen, den *Verwaltungsaufwand* und den Ausbau bürokratischer Strukturen. Dies führt nicht nur zur Entstehung des sogenannten »Wasserkopfes«, sondern auch zu zunehmender Schwerfälligkeit. Immer wieder scheitern im Bereich der öffentlichen Verwaltung Versuche, die Zahl der Vorschriften, Gesetze und Verordnungen zu reduzieren oder zumindest deren Anstieg zu bremsen (Bürokratieabbau und Deregulierung).

Dabei scheinen Bürokratien über eine Tendenz der Selbsterhaltung zu verfügen. Parkinson (2001) hat an einigen Beispielen gezeigt, dass die Bürokratie auch dann stetig angewachsen ist, wenn der zu verwaltende Bereich kleiner geworden ist (*Parkinsonsches Gesetz*).

Beispiel

▶ Im Zeitraum von 1914 bis 1928 stieg die Anzahl der Beamten in der britischen Admiralität um nahezu 80 %,während die Anzahl der Großkampfschiffe um gut 60 % und die Zahl der Offiziere und Mannschaften um 30 % reduziert wurden. ◀◀

Auch lässt sich kritisieren, dass der Apparat missbraucht werden kann. Weber unterstellt, dass auch der Staat, der die Verantwortung für die Bürokratie trägt, rational, d. h. demokratisch legitimiert ist. Wird die Bürokratie allerdings wie im Nationalsozialismus von der Regierung missbraucht, wird der Einzelne zum Erfüllungsgehilfen, der auf seine Amtspflicht verwiesen wird und sich auf seine Pflichterfüllung berufen kann (»Schreibtischtäter«).

Die in den 1980er Jahren angestoßenen Verwaltungsreformen stellen den Versuch dar, Flexibilität und Leistungsfähigkeit durch Vereinfachungen von Prozessen, Steigerung der Eigenverantwortung der Mitarbeiter und allgemein Deregulierung zu steigern. Die zentralen Kritikpunkte sind im Folgenden stichwortartig aufgelistet:

- Die extrem partialisierte Form der Arbeit steht im Widerspruch zur »*Natur des Menschen*« als selbständiges und eigenverantwortlich handelndes Wesen. Diese den Menschen reduzierende Form der Arbeit ist damit inhuman bzw. unmenschlich.
- Den Menschen als Restfunktion in der automatisierten Produktion zu betrachten, der sukzessive durch Maschinen zu ersetzen ist, bzw. als Störfaktor, der durch Vorschriften zu kontrollieren ist, ist ebenfalls *inhuman* und bedeutet gleichzeitig eine *Verschwendung menschlicher Ressourcen.*
- *Einseitige Belastungen* und die *Intensivierung der Arbeit* führen zu Überlastungen und Fehlbeanspruchungen mit

entsprechenden negativen physischen und psychischen Konsequenzen.

- Die psychische Fehlbeanspruchung (Monotonie, psychische Sättigung, Entfremdung, Sinnverlust) führen zu *Unzufriedenheit und Demotivation* und ggf. zu Widerstand (Absentismus, Sabotage).
- Die reduzierten geistigen und sozialen Anforderungen in der Arbeit führen generell zu Kompetenzabbau und negativen psychosozialen Konsequenzen.
- Der hohe zentrale Kontroll- und Planungsaufwand sowie die langsamen Kommunikations- und Entscheidungswege werden den wachsenden Anforderungen an *Flexibilität, Veränderung und Qualität* nicht gerecht.

Fragen zur Selbstüberprüfung

1. Was sind die grundlegenden Prinzipien des Taylorismus?
2. Was versteht man konkret unter folgenden Begriffen: Übungsgewinn und spezifische Partialisierung?
3. Welche Gemeinsamkeiten und Unterschiede weisen Taylorismus, Fordismus und Bürokratieansatz auf?
4. Worin liegen die Chancen und Risiken tayloristischer Organisationsformen?

2.2 Individualwissenschaftliche Stufe

In den 1920er Jahren beginnt sich ein Teil der insgesamt noch recht jungen Psychologie auch dem Menschen in der Arbeit zuzuwenden. Im Mittelpunkt steht die wechselseitige Anpassung von Mensch und Arbeit. Daraus ergeben sich zwei Blickrichtungen:

1. die Anpassung der Arbeitsumgebung bzw. -bedingungen an die menschlichen Erfordernisse
2. und umgekehrt die Anpassung des Menschen an die Erfordernisse der Arbeit durch Auswahl und Ausbildung.

Die optimale Passung zwischen individuellen Voraussetzungen und Merkmalen der Arbeit kommt in dem Leitspruch »Der richtige Mann an den richtigen Platz« zum Ausdruck. Da zunächst der Einzelne an seinem Arbeitsplatz im Mittelpunkt steht und soziale Prozesse ausgeklammert sind, bezeichnet Volpert diese Stufe als »individualwissenschaftlich«. Aus der historischen Perspektive werden im Folgenden die Ursprünge dieser Perspektive skizziert. Einzelne Themenbereiche wie z. B. die Eignungsdiagnostik oder die Personalentwicklung haben sich als zentrale Themenfelder der AOW-Psychologie etabliert und werden in späteren Kapiteln aufgegriffen und ausführlicher vorgestellt (s. Band 2, Kapitel 1.1 und 1.2).

2.2.1 Psychotechnik

Der wohl prominenteste Vertreter dieser Epoche war Hugo Münsterberg, ein Schüler von Wilhelm Wundt. 1912 veröffentlichte er »Psychologie und Wirtschaftsleben« (Münsterberg, 1912/1997) und 1914 folgten die »Grundzüge der Psychotechnik« (Münsterberg, 1914). Im Zuge der zunehmenden Industrialisierung gab es Bedarf nach standardisierten Auswahlverfahren und Tests zum Beispiel für die Eignungsfeststellung von Straßenbahnfahrern, Telefonistinnen etc. In den Industriebetrieben mussten neue Arbeitskräfte schnell und effizient angelernt werden. Hierzu wurden entsprechende Anlernverfahren entwickelt. Auch wurde man auf Probleme der psychischen Fehlbeanspruchung (Ermüdung, Monotonie) aufmerksam und führte hierzu Untersuchungen durch.

Bis 1926 gab es in Deutschland ca. 250 psychotechnische Institute. In seinem Buch »Methoden der Wirtschaftspsychologie« unterschied Giese (1927) zum einen die Subjektpsychotechnik, die sich mit der Anpassung des Menschen an die Arbeit beschäftigte (Berufsberatung, Eignungsdiagnostik, Schulung etc.) und zum anderen die Objektpsychotechnik, die auf die Anpassung der Arbeitsbedingungen an die psychologischen Bedürfnisse des Menschen zielt (Werkzeuge, Bedienelemente, Unfallverhütung, Arbeits- und Pausenzeiten etc.).

2.2.2 Arbeits- und Pausenzeiten

Hier sind einige Beispiele, die die Bedeutung einer angemessenen Arbeits- und Pausenzeit verdeutlichen.

Beispiel

▶ Sparks, Cooper, Fried und Shirom (1996) haben den Zusammenhang zwischen der Länge der *Wochenarbeitszeit* und der Gesundheit der Beschäftigten untersucht. In ihrer Meta-Analyse auf der Basis von 19 Studien mit über 37 000 Beschäftigten mit Arbeitszeiten zwischen 35 und 60 Stunden fanden sie einen durchschnittlichen Zusammenhang von .15 mit psychischen Gesundheitsrisiken. Das bedeutet, dass mit zunehmender Wochenarbeitszeit das Risiko psychischer Erkrankung etwas ansteigt. ◀◀

Beispiel

▶ Baker, Olson und Morisseau (1994) fanden bei Untersuchungen in 53 Kraftwerken Zusammenhänge zwischen der Anzahl der *Überstunden* auf der einen und der Fehlerhäufigkeit und damit verbundenen Sicherheitsproblemen auf der anderen Seite. Übermüdung führt ebenfalls zu Risiken. Landrigan, Rothschild, Cronin, Kaushal, Burdick & Katz (2004) zeigten im Medizinbereich, dass bei 24-Stunden-Diensten das Fehlerrisiko anstieg. Van Dongen, Maislin, Mullington und Dinges (2003) fanden in Laborstudien, dass die Leistungsfähigkeit bei chronischen Schlafdefiziten (max. 6 Stunden pro Tag) abnahm. ◀◀

Beispiel

▶ Baltes, Briggs, Huff, Wright und Neuman (1999) untersuchten die Auswirkungen von *flexibler Arbeitszeit* (Gleitzeit). Die Befunde der Meta-Analyse auf Basis von 27 Studien zeigen, dass flexible Arbeitszeiten mit einer verbesserten Produktivität einhergehen (.22), zu mehr Zufriedenheit mit den Arbeitszeiten führt (.16) und vor allem weniger Absentismus erwarten lassen (–.42). Interessanterweise zeigten sich diese positiven Auswirkungen insbesondere bei Arbeitern und

Angestellten, aber nicht bei Führungskräften. Eine Erklärung ist, dass diese Personengruppe ihre Arbeitszeiten ohnehin weitgehend frei bestimmen kann und daher von der Einführung flexibler Arbeitszeiten nicht profitiert. ◂◂

Wie sollten die *Pausen* über den Arbeitstag verteilt werden? Was ist effektiver, mehrere kurze Pausen oder eher ein längerer Block? Zunächst geht mit zunehmender Pausenzeit Arbeitsleistung verloren – schließlich wird in der Pause nicht gearbeitet. Jedoch nimmt die Leistungsfähigkeit mit zunehmender Arbeitszeit durch die Ermüdung ab, wobei der Anstieg der Ermüdung zunächst langsam, dann aber mit zunehmender Zeit immer stärker erfolgt. Durch das Einschieben einer Pause und der damit verbundenen Erholung kann die ursprüngliche Leistungsfähigkeit wieder hergestellt werden, wodurch sich ein *Pausengewinn* ergibt. Hier zeigt sich, dass der Erholungswert vor allem in den ersten fünf bis zehn Minuten besonders hoch ist, danach aber abflacht. Daraus ergibt sich, dass es effektiver ist, regelmäßig kurze Pausen zu machen (s. **Abb. 2.1**).

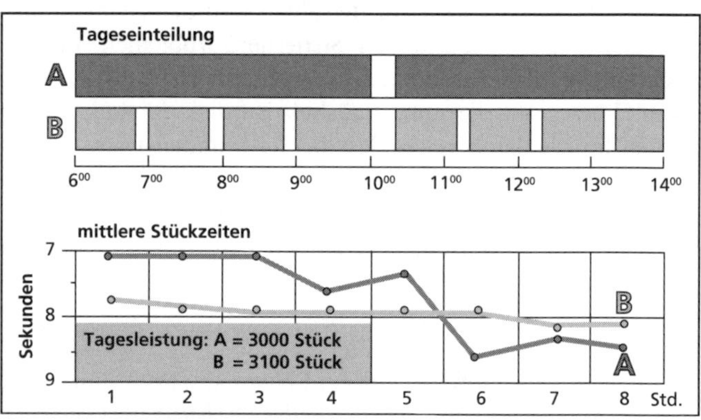

Abb. 2.1: Pausengestaltung

Graf (1970) ermittelte, dass der Pausengewinn am höchsten ausfällt, wenn jede Stunde eine organisierte Kurzpause eingelegt wird. Bei vielen Tätigkeiten ist bei Ermüdung nicht nur mit Leistungseinbußen zu rechnen, sondern es entsteht wie

z. B. bei Fluglotsen oder Fahrzeugführern ein erhebliches Sicherheitsrisiko. Aus diesem Grund sind Arbeits- und Pausenzeiten in diesen Berufsgruppen gesetzlich vorgeschrieben.

In ca. 15 % aller Betriebe wird im Schichtbetrieb gearbeitet. Betroffen von *Schichtarbeit* sind ca. 20 % der Beschäftigten. Dabei sind unterschiedliche Typen zu unterscheiden: rotierend vs. permanent (z. B. Dauernachtschicht), vorwärts rotierend (früh – spät – Nacht – früh), rückwärts rotierend (Nacht – spät – früh – Nacht), diskontinuierlich (Unterbrechung in der Nacht (nur früh und spät) und am Wochenende), kontinuierlich (Nacht und Wochenende eingeschlossen).

Erklärung

► Das Problem ist, dass die menschliche Leistungskurve täglichen Schwankungen unterworfen ist (*cirkadiane Rhythmik*). So sind nachts eine Reihe physiologischer Funktionen reduziert: Die Leistungsfähigkeit des Herz-Kreislaufsystems ist auf einem Minimum, vor allem die Umstellung von Ruhe auf höhere Leistung fällt schwieriger. Bei der Atmung sind die Sauerstoffaufnahme und Kohlendioxidabgabe geringer. Weiterhin ist die Verdauungstätigkeit vermindert, die Nierenfunktion herabgesetzt und die Konzentrationsfähigkeit geringer. ◄◄

Schichtarbeit findet zu Zeiten statt, in denen die Betroffenen ihr physiologisches Leistungstief aufweisen. Eine kurzfristige Umstellung bzw. Anpassung ist nicht möglich. So konnten Knauth, Emde, Rutenfranz, Kiesswetter und Smith (1981) zeigen, dass sich z. B. die Körpertemperatur von der ersten bis zur fünften Nachtschicht nicht verändert. Maßgeblich für die cirkadiane Rhythmik sind zudem soziale (Lärm, soziale Kontakte) und natürliche (Hell-dunkel-Wechsel) *Zeitgeber*, die dafür verantwortlich sind, dass der ursprüngliche Rhythmus beibehalten wird. Als Konsequenz leiden Schichtarbeiter verstärkt unter Schlafstörungen, Müdigkeit und Leistungseinbußen. Hinzu kommt, dass sie Einschränkungen bei ihren sozialen Kontakten und bei der Freizeitgestaltung hinnehmen müssen. Die Schlafqualität ist besonders nach Nachtschichtperioden schlechter als nach Früh- oder Spätschichtperioden (Meijman, Thunissen & Vries-Griever, 1990).

Bisweilen lassen sich jedoch kaum Unterschiede zwischen Schichtarbeitern und Personen mit normalen Arbeitszeiten finden, wodurch die gesundheitlichen Risiken unterschätzt werden. Eine Erklärung hierfür ist ein Selektionseffekt, der sogenannte »*Healthy-worker-Effect*«. Dieser Effekt besagt, dass Personen, bei denen sich gesundheitliche Probleme eingestellt haben, aus dem Schichtbetrieb ausscheiden. Die besondere Situation der Schichtarbeit führt also tendenziell zu einer Selektion der Betroffenen, bei denen vor allem diejenigen mit Gesundheitsproblemen ausscheiden und die gesundheitlichen Risiken damit übersehen werden. Auf dieses Problem haben Frese und Semmer (1986) in einer Studie mit über 3000 Schichtarbeitern, Nicht-Schichtarbeitern und ehemaligen Schichtarbeitern eindrücklich hingewiesen (s. **Abb. 2.2**).

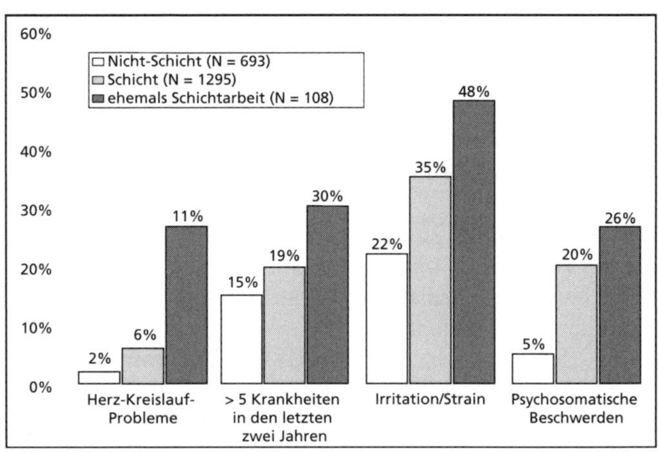

Abb. 2.2: Schichtarbeit

Tatsächlich zeigte sich zunächst, dass Schichtarbeiter im Vergleich zu Nicht-Schichtarbeitern jeweils zu einem höheren Prozentsatz Herz-Kreislauf-Probleme aufwiesen, sich psychisch belastet fühlten, unter psychosomatischen Beschwerden litten und in den vergangenen zwei Jahre häufiger krank waren. Die Gruppe mit den höchsten gesundheitlichen Risiken waren allerdings die ehemaligen Schichtarbeiter. Bei allen vier Gesundheitsindikatoren wiesen sie deutlich schlechtere Werte als die beiden anderen Gruppen auf.

Da sich die gesundheitlichen Risiken von Schichtarbeit nicht ausschalten lassen, ist es umso wichtiger, die Risiken durch entsprechende Arbeitszeitmodelle und Schichtplangestaltung möglichst gering zu halten. Hierzu lassen sich nach Knauth (1993) folgende Empfehlungen geben:

- keine langen Nachtschichtperioden (max. 3 Schichten zu max. 8 h),
- auch Früh- und Spätschichten sollen schnell rotieren,
- keine rückwärtsrotierenden Schichtfolgen,
- ausreichende Freizeitblöcke,
- Planbarkeit durch langfristige Schichtpläne und Vermeidung kurzfristiger Änderungen
- Angebot von warmer Hauptmahlzeit zwischen 0.00 und 0.30 und einem Imbiss gegen 4.00.

Fragen zur Selbstüberprüfung

1. Wie wirken sich die Arbeitszeit bzw. unterschiedliche Arbeitszeitmodelle auf Leistung und Erleben aus?
2. Was versteht man unter dem Pausengewinn?
3. Was bedeutet die cirkadiane Rhythmik für die Schichtarbeit?
4. Welches Phänomen erklärt der »Healthy-worker-Effect«?

2.2.3 Ergonomie

Für die Gestaltung der räumlichen und technischen Arbeitsbedingungen hat sich die Ergonomie (griechisch: Gesetzmäßigkeit der Arbeit) als arbeitswissenschaftliche Disziplin entwickelt. Unter einer ergonomischen Gestaltung wird alltagssprachlich eine Gestaltungslösung von z. B. Werkzeugen, Büromöbeln etc. verstanden, die den menschlichen physischen und psychischen Anforderungen in besonderem Maße gerecht wird. Hinsichtlich der eingangs genannten Gestaltungskriterien zielt die Ergonomie insbesondere auf die Gewährleistung der Ausführbarkeit und Beeinträchtigungsfreiheit. Damit ist die Ergonomie vor allem auch für die Arbeitssicherheit und den Arbeitsschutz von Bedeutung. Entsprechend sind unterschiedliche Anforderungen in entsprechenden Richtlinien, Vorschriften und Normen verbindlich formuliert.

Gestaltungsbereiche sind das räumliche Umfeld und der konkrete Arbeitsplatz. Beispiele für relevante Merkmale des Umfeldes sind die *Lichtverhältnisse* (Helligkeit, Blendfreiheit, Farbgestaltung), die *Raummaße* (Mindesthöhe und Größe) das *Raumklima* (Temperatur, Feuchte, Frischluftzufuhr, Schadstoffgehalt) sowie der *Lärmpegel.* Auch die persönliche *Schutzausrüstung* (Lärmschutz, Schutzbrillen, Helm, Schutzanzüge) ist unter ergonomischen Gesichtspunkten zu bewerten.

Am Arbeitsplatz geht es u. a. darum, z. B. durch das Design entsprechender Sitzmöbel oder Stehhilfen einen ermüdungsfreien Aufenthalt zu ermöglichen. Um für unterschiedliche Körpergrößen jeweils optimale Sitzpositionen zu ermöglichen, sollten *Möbel* und andere *Arbeitsmittel* (Werkzeuge, Maschinen, Bildschirme) individuell einstellbar sein. Die *Anthropometrie* liefert Richtwerte für Körpermaße, Positionen (Komfortwinkel) und Kräfte, die der Gestaltung zugrunde zu legen sind.

Sind Gegenstände zu heben oder zu transportieren, sind abhängig von Gewicht und Volumen entsprechende technische Hilfen bereit zu stellen. Sind Maschinen oder Einrichtungen zu bedienen, müssen die *Bedienvorrichtungen* (Hebel, Schalter etc.) gut erreichbar und die erforderlichen Stellkräfte eine ermüdungsfreie und sichere Bedienung gewährleisten. Die für die Arbeit erforderlichen Informationen müssen auf den entsprechenden *Anzeigen* (Analoge oder digitale Darstellung) gut lesbar sein. Die *Arbeitsplatzanordnung* in einer Werkstatt oder in einem Büro sollte so gewählt werden, dass unnötige Drehungen am Arbeitsplatz oder Wege zwischen Arbeitsplätzen oder zu Materiallagern vermieden werden u. s. w.

Bei Bildschirmarbeitsplätzen sind Entfernung und Blickwinkel sowie Merkmale des Displays wie z. B. Kontrast, Blendfreiheit, Flimmerfreiheit wichtige Kriterien. Inwieweit an Computerarbeitsplätzen reibungslos und effizient gearbeitet werden kann, hängt mittlerweile weniger von der Qualität des Bildschirms als vielmehr von der Qualität der Programme bzw. der eingesetzten Software ab. Daher wurde hier der Begriff der *Software-Ergonomie* auf die Bedienerfreundlichkeit computergestützter technischer Systeme (hierzu zählen auch Telefone, Navigationssysteme etc.) erweitert, und auch der Begriff der *Usability* hat sich etabliert. Die Richtlinien zur Gestaltung von Software sind in der ISO 9241 Teil 10 und VDI Richtlinie 5005 formuliert. Hierzu zählen:

Aufgabenangemessenheit: Eine Software gilt als aufgabenangemessen, wenn sie den Benutzer bei der Erledigung seiner Arbeitsaufgaben effektiv unterstützt und ihn nicht durch ausschließlich systembedingten Zusatzaufwand unnötig beansprucht. Das bedeutet, dass die Software unkompliziert zu bedienen ist, sich wiederholende Bearbeitungsvorgänge automatisieren lassen, keine überflüssigen Eingaben erforderlich sind u. s. w.

Selbstbeschreibungsfähigkeit: Eine Software ist selbstbeschreibend, wenn jeder Schritt dem Benutzer durch Rückmeldung unmittelbar verständlich ist oder ihm auf Anfrage erklärt wird. Das bedeutet z. B., dass die Software einen guten Überblick über ihr Funktionsangebot bietet, allgemein verständliche Begriffe, Bezeichnungen, Abkürzungen und Symbole verwendet, ausreichend Informationen darüber liefert, welche Eingaben zulässig oder nötig sind, auf Verlangen situationsspezifische Erklärungen oder Hilfen anbietet.

Steuerbarkeit ist gegeben, wenn der Benutzer den Ablauf der einzelnen Schritte bis zu seinem Ziel gut beeinflussen kann. Hierzu ist es erforderlich, die Arbeit an jedem Punkt unterbrechen und dort später ohne Verluste fortsetzen zu können, leicht zwischen Menüs und Masken wechseln und als Nutzer entscheiden zu können, welche Informationen angezeigt werden.

Erwartungskonformität bedeutet, dass eine Software nach einheitlichen Prinzipien funktioniert und den Kenntnissen aus bisherigen Arbeitsabläufen und den Erfahrungen des Benutzers im Umgang mit ähnlichen Programmen entspricht. Außerdem wird die Orientierung durch eine einheitliche Gestaltung erleichtert, werden klare Rückmeldungen über das gegeben, was gerade passiert, und die Reaktionen erfolgen in gut vorhersehbaren Bearbeitungszeiten.

Fehlerrobustheit bedeutet, dass trotz erkennbarer fehlerhafter Eingabe das beabsichtigte Arbeitsergebnis mit minimalem oder ohne Korrekturaufwand erreicht wird. Die Software ist so gestaltet, dass kleine Fehler keine schwerwiegenden Folgen haben können, der Benutzer sofort über fehlerhafte Eingaben informiert wird und Hinweise zu Fehlerbeseitigung gegeben werden.

Individualisierbarkeit erfordert, dass eine Software an unterschiedliche und individuelle Benutzeranforderungen, -fähigkeiten und Bedürfnisse angepasst werden kann, indem sie sich vom dem Benutzer leicht erweitern lässt, wenn für ihn neue Arbeitsaufgaben entstehen.

Lernförderlichkeit bedeutet, dass sie den Benutzer beim Erlernen unterstützt und anleitet.

Fragen zur Selbstüberprüfung

1. Was sind die Gestaltungsfelder der Ergonomie?
2. Was sind zentrale Richtlinien für die Gestaltung von Software?

2.3 Gruppenwissenschaftliche Stufe

Bei der individualwissenschaftlichen Perspektive steht der Einzelne an seinem Arbeitsplatz im Mittelpunkt. Das Bewusstsein für die Bedeutung sozialer Prozesse und Beziehungen rückt mit der gruppenwissenschaftlichen Perspektive in den Vordergrund und begründete die »*Human-Relations-Bewegung*« als Gegenentwurf zum vorherrschenden Taylorismus. Sind für die individualwissenschaftliche Perspektive vor allem die Allgemeine Psychologie sowie die Differentielle Psychologie und Diagnostik relevant, sind für die gruppenwissenschaftliche Perspektive vor allem die *Sozialpsychologie* aber auch Konzepte der *Humanistischen Psychologie* von Bedeutung. Das Bild von der Organisation wandelt sich von einem rein technischen Verständnis (Maschinenmodell) zu einer Perspektive, die Organisationen vor allem auch als soziale Systeme zu verstehen suchen. Die Mitarbeiter werden nicht mehr allein als Kosten- oder Störfaktor betrachtet, sondern als »Human Resources«, die entscheidend zum Unternehmenserfolg beitragen können.

So entwickelte sich ausgehend von Studien des Londoner *Tavistock Instituts* im Kohlebergbau (Trist & Bamforth, 1951) in Europa der eingangs bereits angesprochene *Soziotechnische Systemansatz* mit der Erkenntnis (s. Kap. 1.2.1), dass in einer Organisation das soziale und das technische System gemeinsam gestaltet werden müssen. Es wird davon ausgegangen, dass ein Unternehmen nicht nur als ein technisches System mit ersetzbaren Individuen, die hinzugefügt werden und sich anpassen müssen verstanden werden darf. Vielmehr hängt der Erfolg des Unternehmens davon ab, wie ein Unternehmen als soziotechnisches System funktioniert. Konkrete Umsetzungsbeispiele aus unterschiedlichen Industriebereichen, die im Rahmen eines Programms zur industriellen Demokratie in Norwegen durchgeführt wurden, finden sich bei Emery und Thorsrud (1982).

In den USA ist das von Rensis Likert gegründete *Institute for Social Research* an der University of Michigan prägend. Hier entwarf Likert (1961) vor dem Hintergrund umfangreicher Fragebogenstudien seine neuen Vorstellungen von einer Organisation (»New Patterns of Management«). Katz und Kahn (1978) betrachteten die Organisation aus sozialpsychologischer Perspektive (»Social Psychology of Organizations«). Demnach wollen Mitarbeiter in der Arbeit nicht nur ökonomische, sondern vor allem auch soziale Bedürfnisse nach *Zugehörigkeit, Kontakt und Anerkennung* befriedigen. Ergänzt wird diese Sicht durch die Perspektive der Humanistischen Psychologie, die davon ausgeht, dass Menschen darüber hinaus bestrebt sind, *selbständig und eigenverantwortlich* ihre Ziele zu verfolgen und sich selbst zu verwirklichen (Maslow, 1954).

Die Befriedigung *sozialer Bedürfnisse* und die Möglichkeiten *aktiver Beteiligung* werden als entscheidende Motivationsfaktoren betrachtet. Gleichzeitig wird das Verhalten des Einzelnen maßgeblich von der Gruppe bzw. das soziale Umfeld geprägt und beeinflusst. Damit wird die Gruppe zum entscheidenden Leistungsfaktor. Das zugrunde liegende Menschenbild wandelt sich vom rationalen Homo Oeconomicus zum Social Man. Es wird als zentrale Aufgabe des Managements und der Führungskräfte gesehen, die vertikalen und horizontalen (zwischen den Mitarbeitern und Abteilungen) Beziehungen in einer Organisation zu entwickeln und zu verbessern. Damit rückt auch die Frage nach einer angemessenen Führung in den Vordergrund.

Aber nicht nur die sozial- und motivationspsychologischen Konzepte legitimieren ein stärkeres Interesse für die Gruppe. Aus *soziotechnischer Perspektive* kann die Gruppe nicht nur den individuellen Entfaltungsbedürfnissen der Mitarbeiter optimal Rechnung tragen, sondern auch die Schwankungen und Dynamiken in den System-Umwelt-Beziehungen anstatt einer zentralen hierarchischen Steuerung am besten selber regulieren. Die selbständig agierende Gruppe verspricht damit einen konkreten *Leistungsvorteil.*

2.3.1 Hawthorne-Studien

Auf die Bedeutung von sozialen Prozessen ist man bereits bei den sogenannten Hawthorne-Studien (1927–1932) aufmerksam geworden (Mayo, 1946; Roethlisberger & Dickson, 1939).

Beispiel

▶ Eine Gruppe von Forschern von der Harvard School of Business Administration in Boston erhielt den Auftrag, die Ursachen für eine ganze Reihe von Problemen in den Hawthorne-Werken der Western Electric Company in Chicago zu untersuchen. Hierzu zählten schlechte Produktionskennziffern und eine hohe Fluktuation zum Beispiel bei der Montage von Telefonrelais. Die Ursachen und Lösungen wurden zunächst aus einer individualwissenschaftlichen Perspek-

tive entwickelt: Beleuchtung, Pausenzeiten und Essensversorgung. Um die Wirkung ihrer Interventionen belegen zu können, wurden nur in einigen Abteilungen Verbesserungen vorgenommen. Die anderen dienten als Kontrollgruppe. Das Ergebnis war überraschend. Die Leistungen verbesserten sich bei fast jeder Veränderung in der Experimentalgruppe, aber auch in der Kontrollgruppe. Als man nun einige Verbesserungen wieder zurücknahm, um doch noch den Einfluss der Maßnahmen zu belegen, gingen die Leistungen wider Erwarten nicht zurück, sondern blieben stabil. Offenbar waren hier andere Faktoren für die Veränderungen verantwortlich.
Tatsächlich kam man zu der Erkenntnis, dass weniger die Veränderungen der objektiven Arbeitsbedingungen als die damit verbundenen sozialen Prozesse ausschlaggebend waren. Vor dem Eintreffen der Forschergruppe war das *Arbeitsklima* angesichts der Leistungsprobleme schlecht und gereizt und wahrscheinlich durch gegenseitige Geringschätzung und *Misstrauen* geprägt. Als sich nun die Forschergruppe im Laufe ihrer Untersuchung für die Probleme der Arbeiterinnen interessierte, ihnen zuhörte und mit ihnen Gespräche führte, erlebten sie das erste Mal *Aufmerksamkeit, Anerkennung und Wertschätzung* und fühlten sich mit ihren Problemen ernst genommen. Wahrscheinlich sahen sie in den Forschern auch mögliche Verbündete, von denen sie Hilfe und Unterstützung erwarteten und die sie daher auch nicht enttäuschen wollten. Also stieg die Bereitschaft, sich im Gegenzug anzustrengen. Dabei formierte sich aus den einzelnen Arbeiterinnen eine Gruppe mit einem gemeinsamen Anliegen und Ziel, deren Mitglieder sich gegenseitig beeinflussten. ◄◄

Das Phänomen, dass alleine die Veränderung der sozialen Situation durch die Anwesenheit der Untersucher einen positiven Effekt erzielen kann, wird seitdem auch als *Hawthorne-Effekt* bezeichnet. Im experimentalpsychologischen Sinne handelt es sich hierbei um einen Versuchsleitereffekt. In weiteren Experimenten konnten Roethlisberger und Kollegen zeigen, dass ein partnerschaftlicher Führungsstil zu Produktivitätssteigerungen führte. Auch wenn die Studie später heftig kritisiert wurde, weil sich herausstellte, dass die Untersucher zusätzlich Privilegien versprachen bzw. Strafen androhten, um Leistungssteigerungen zu erzielen (Rice, 1982), hat die Hawthorne-Studie das Bewusstsein dafür geschärft, dass soziale Interaktionsprozesse (Anerkennung, Aufmerksamkeit, positive Atmosphäre) und die Entstehung informeller Gruppen Norm- und Motivationssteigerung bewirken, die zu Leistungsverbesserung führen.

2.3.2 Sozialpsychologie des Betriebs

Ausgehend von der Erkenntnis, dass Gruppenprozesse das individuelle Leistungsverhalten maßgeblich beeinflussen, stellte sich die Frage, welche Mechanismen und Faktoren für den möglichen Leistungsvorteil von Gruppen bedeutsam sind. Hierzu liefert die sozialpsychologische Forschung zahlreiche Hinweise (für einen Überblick: Aronson, Wilson & Akert, 2004), die für den Organisationskontext relevant sind.

Wichtig ist zunächst die Unterscheidung zwischen formellen und *informellen Gruppen*. Auch wenn durch die formale Organisationsstruktur keine Gruppe vorgesehen ist, können sich informell Gruppen bilden. Fühlen sich die Mitglieder einander zugehörig bzw. identifizieren sie sich mit der Gruppe, werden Gruppenprozesse wirksam. Der Einfluss der Gruppe wird umso stärker, je größer die *Identifikation* und der Zusammenhalt bzw. die *Kohäsion* innerhalb der Gruppe ist. Die wahrgenommene Ähnlichkeit, Kontakthäufigkeit, Druck oder eine Bedrohung von außen, die wahrgenommene Attraktivität der Gruppe und ein gemeinsames Ziel bzw. bereits erzielte Erfolge steigern die Identifikation und den Zusammenhalt (Levine & Moreland, 1998; Mullen & Copper, 1994).

So zeigte sich, dass das individuelle Leistungsverhalten vor allem durch die *Normen*, die in einer Gruppe vorherrschten, bestimmt wurde. Gruppen steuern sich insofern selbst, als Gruppenmitglieder, die gegen die Norm verstoßen, weil sie zu wenig leisten, mit negativen Sanktionen durch die anderen Gruppenmitglieder zu rechnen haben. Das Gleiche gilt allerdings auch für diejenigen, die sich durch ihre besonders gute

Leistung zu weit von der Gruppe entfernen (z. B. Normbrecher). Normen und Regeln beziehen sich nicht nur auf die Leistung, sondern auch darauf, wie miteinander kommuniziert wird, wie mit Konflikten umgegangen wird etc. Auch hier gilt, dass informelle Regeln und Normen für das individuelle Verhalten bedeutsamer sind als die offiziellen, von außen herangetragenen Vorschriften und Regeln.

Auch konnte gezeigt werden, dass Personen allgemein eher bereit sind, ihr Verhalten zu ändern, wenn ihnen die Möglichkeit gegeben wurde, darüber zu diskutieren, und dass sich Mitarbeiter stärker mit einer Aufgabe identifizieren und mehr Leistung zeigen, wenn eine Aufgabe nicht von oben vorgegeben, sondern *Beteiligung* bzw. *Partizipation* ermöglicht wird. Ein Beispiel ist die Studie von Coch und French (1948), bei der es um die Umstellung einer Arbeitsmethode in der Textilindustrie ging. Wurden die Mitarbeiter beteiligt, waren im Anschluss der Produktivitätsanstieg höher und die Fluktuationsrate niedriger, als wenn die Veränderung angeordnet wurde.

Andere Studien haben gezeigt, dass das individuelle Leistungsverhalten unabhängig von den jeweiligen Normen allein durch die Anwesenheit (mere presence) von anderen gesteigert werden kann. Die Anwesenheit von Zuschauern und noch mehr von anderen Personen, mit denen wir uns z. B. im Wettbewerb vergleichen (coacting), aktiviert zusätzlich und spornt zu mehr Leistung an, als wenn Personen alleine sind (Triplett, 1898; Zajonc, 1965). Auch wenn Personen mit durchschnittlicher Leistung einer leistungsstarken Gruppe zugeteilt werden, wirkt sich das positiv auf ihre Leistungsbereitschaft aus (Köhler, 1926). Der Effekt der *sozialen Erleichterung* bzw. sozialen Leistungsaktivierung tritt allerdings nur auf, wenn Personen das erwartete Verhalten einigermaßen beherrschen. Bei Unsicherheit und besonders schwierigen Aufgaben kann der gegenteilige Effekt eintreten. Ist die Leistung Einzelner nicht identifizierbar oder scheint dem Einzelnen der eigene Beitrag irrelevant, kann es auch zu Motivationsverlusten kommen (social loafing), bei denen sich Einzelne auf Kosten der anderen ausruhen (Latane, Williams & Harkins, 1979).

Wie stark der Einfluss der Gruppe und des sozialen Kontexts auf das Verhalten des Einzelnen ist, wurde vor allem in sozialpsychologischen Studien eindrucksvoll belegt. So zeigten die Studien *Konformität*, dass sich Personen bei Unsicherheit gegenseitig aneinander orientieren (informativer Einfluss), ihre Urteile mit der Zeit konvergieren und sich damit eine Norm entwickelt (Sherif, 1936). Wird eine Norm klar kommuniziert, fällt es dem Einzelnen schwer, sich selbst dieser Norm zu widersetzen (normativer Einfluss). Die Meinung der Gruppe wird sogar wider besseres Wissen akzeptiert, um in der Gruppe nicht in eine Außenseiterposition zu fallen oder gar aus der Gruppe ausgeschlossen zu werden (Asch, 1955).

Selbst wenn Personen zufällig unterschiedlichen Gruppen zugeordnet werden, beginnen sie sich als Gruppenmitglied wahrzunehmen (Selbstkategorisierung) und mit ihrer Gruppe zu identifizieren (*Soziale Identität*) und versuchen die Position der eigenen Gruppe im Vergleich zu anderen Gruppen zu verbessern (Tajfel, 1978). Der Hintergrund ist, dass es für den eigenen Selbstwert zuträglicher ist, zu den Gewinnern und nicht zu den Verlierern zu gehören. Die Stanford-Prison-Experimente haben zudem gezeigt, wie stark der Einfluss des *sozialen Kontextes* und der damit verbundenen *Rollen* sein kann. Zufällig zugeteilte Versuchspersonen entwickelten sich in diesem Gefängnisexperiment zu sadistischen Wärtern und andere zu ohnmächtigen, hilflosen Gefangenen (Haney, Banks & Zimbardo, 1973).

Damit ist die Bedeutung gruppendynamischer Prozesse offensichtlich. Es liegt nun in der Verantwortung des Managements und der Führung, die damit verbundenen Chancen zu nutzen und die Risiken zu erkennen und zu vermeiden. Gelingt es, die Bedürfnisse nach Zugehörigkeit, Beteiligung und Anerkennung zu befriedigen, besteht die Chance, dass die Mitarbeiter sich *gegenseitig unterstützen, anspornen* und als Gruppe im Sinne der Organisation Verantwortung übernehmen. Darüber hinaus besteht die Möglichkeit, in der Gruppe zu besseren Arbeitsergebnissen zu kommen, als wenn alleine gearbeitet wird. Die unterschiedlichen Erfahrungen und Kenntnisse eröffnen ein breiteres Spektrum an Ideen und Lösungsvorschlägen (Ideenvielfalt), gleichzeitig besteht eine größere Chance, dass Fehler und Probleme erkannt werden (Fehlerausgleich). Inwieweit diese Chancen zum Tragen kommen, hängt aber auch davon ab, ob es gelingt, die Risiken wie z.B. Gruppendruck, Motivationsverluste u.s.w. möglichst gering zu halten.

Das lässt sich an dem prominenten Beispiel des *Brainstormings* deutlich machen. Der Grundgedanke besteht darin, dass eine Gruppe viel kreativer sein kann als einzelne Personen, wenn es ihr gelingt einen »Gedankensturm« zu entfachen. Das kann aber nur gelingen, wenn die individuelle Kreativität nicht durch Gruppennormen und gegenseitige Bewertungsprozesse unterdrückt wird. Osborn (1953) formulierte daher einige Regeln, mit denen die »Freiheit der Gedanken« sichergestellt werden sollte:

1. Alle Ideen, sind sie noch so verrückt,
2. je mehr Ideen, umso besser,
3. keine Bewertung der eigenen Ideen und der Ideen anderer
4. und Anregungen durch andere nutzen.

Die Annahme der Überlegenheit des Brainstormings in der Gruppe wurde mehrfach untersucht. Verglichen wurde ihr Ergebnis mit der Leistung einer gleichgroßen Anzahl an Personen, die aber einzeln und nicht in der Gruppe kreative Vorschläge entwickelten (nominale Gruppe). In der Regel schätzten sich die Personen, die unter der Gruppenbedingung arbeiteten, besser ein und waren mit ihrem Ergebnis subjektiv zufriedener (Mullen, Johnson & Salas, 1991). Wurden die Ergebnisse jedoch objektiv verglichen, stellte sich überraschenderweise meist heraus, dass die nominale Gruppe mehr leistet als die reale Gruppe (Paulus, Dzindolet, Poletes & Camacho, 1993). Offenbar kommt es doch stärker als erwartet zu Problemen, die die Effektivität mindern: gegenseitige Denkblockaden durch Ablenkung und Konzentrationsprobleme, Zurückhaltung aus Angst vor Bewertung und schließlich Motivationsverluste, weil der eigene Beitrag nicht mehr als wichtig angesehen wird. Als praktische Konsequenz empfiehlt sich daher eine Strategie, bei der dem gemeinsamen Brainstorming zunächst ein individuelles Brainstorming vorgeschaltet wird (Anonymität). Auch empfiehlt sich der Einsatz eines Moderators, der auf Einhaltung der Regeln achtet.

2.3.3 Führung und Management

Wenn die Befriedigung sozialer Bedürfnisse und die Beteiligung der Mitarbeiter wesentliche Erfolgsfaktoren sind, stellt sich die Frage, wie sich Führungskräfte und Management verhalten sollten. Die Führungsforschung jener Zeit liefert entsprechende Konzepte, die den partnerschaftlichen *Umgang mit dem Mitarbeiter* betonen. Insbesondere die an der Ohio State University durchgeführten Studien (Ohio-Studien) haben ergeben, dass sich Führungsverhalten mittels faktorenanalytischer Methoden in zwei große Bereiche bzw. Verhaltensorientierungen unterscheiden lässt (Fleishman, 1953, 1973; Hemphill & Coons, 1957):

1. Aufgabenorientierung (initiating of structure)
2. Mitarbeiterorientierung und Rücksichtnahme (consideration).

Mitarbeiterorientierung kennzeichnet ein Führungsverhalten, das durch Wertschätzung gegenüber dem Mitarbeiter, Rücksichtnahme auf individuelle Bedürfnisse und Beteiligung bestimmt ist, während *Aufgabenorientierung* die Klärung von Zielen, Aktivierung und Kontrolle der Zielerreichung in den Vordergrund stellt. Zu ähnlichen Befunden wie in den Ohio-Studien kam auch die Forschergruppe an der University of Michigan (Likert, 1961). Sie unterschieden analog zwischen Mitarbeiter- und Produktionsorientierung. Sie gingen davon aus, dass es sich hierbei jeweils um die Endpunkte eines *Kontinuums* handelte. Von einer ähnlichen Annahme ging auch der *Partizipationsansatz* von Tannenbaum und Schmidt (1973) aus. Führungskräfte unterschieden sich demnach dadurch, dass sie entweder direktiv oder partizipativ führten. In zahlreichen Studien wurde versucht, die Bedeutung der Mitarbeiterorientierung nicht nur für die Zufriedenheit der Mitarbeiter, sondern auch für den Unternehmenserfolg nachzuweisen.

Die Forderung nach Mitarbeiterorientierung und Partizipation der Mitarbeiter stieß jedoch auch bei vielen Führungskräften auf Ablehnung. Zeigte nicht die tägliche Erfahrung auch, dass Mitarbeiter eben nicht selbständig und eigenverantwortlich handeln und deswegen autoritär und aufgabenorientiert geführt werden mussten? *Douglas McGregor* begegnete diesem Einwand, indem er in seinem Buch »The human side of enterprise« (1960) darauf hinwies, dass es entscheidend vom Management abhängt, wie sich die Mitarbeiter verhalten. Unterstellt man den Mitarbeitern, dass sie grundsätzlich antriebsarm und passiv und bestenfalls extrinsisch motiviert sind, und geht man entsprechend mit ihnen um, indem man ihnen Informationen vorenthält, keine Verantwortung gibt, dann musse man sich nicht wundern, wenn sich ihre Möglichkeiten nicht entwickelten bzw. verkümmerten und sie sich am Ende tatsächlich passiv verhielten. Diesem Bild vom Mitarbeiter, dass McGregor (1960) als *Theorie X* bezeichnet, stellt er das alternative Modell *Theorie Y* gegenüber: Mitarbeiter sind sozial motiviert, suchen Sinn in der Arbeit und wollen sich engagieren. Folgt man dieser Theorie, ist es naheliegend, die Mitarbeiter einzubinden, ihnen Verantwortung zu übertragen und sich selber kontrollieren zu lassen. Da die Mitarbeiter ihre Kompetenz entwickeln, wird auch die Effizienz gesteigert. Die Führungskraft tritt nur bei Fragen und Problemen als Experte und Berater in Erscheinung. McGregor plädiert somit dafür, sich von den Vorurteilen gegenüber Mitarbeitern zu lösen und zu erkennen, dass sich die Mitarbeiter im Sinne einer selbsterfüllenden Prophezeiung entwickeln und verhalten.

In eine ähnliche Richtung gehen auch die Überlegungen von Likert (1961), die er in seiner »*Partizipativen Theorie*« formuliert hat. Er stellte fest, dass sich produktive und unproduktive Abteilungen durch ihre vorherrschenden *Führungsgrundsätze* unterscheiden. Weniger produktive Abteilungen sind eher an traditionellen, autoritären Prinzipien der Unternehmensführung orientiert:

1. hohe Arbeitsteilung,
2. Vorgabe der Arbeitszeiten und Arbeitsverfahren,
3. Überwachung der vorgegebenen Zeiten und Verfahren
4. wenig Kommunikation und Informationsfluss von »oben nach unten« und
5. die vorherrschenden psychologischen Mechanismen sind Furcht, Bestrafung und wenig Belohnung.

Das wiederum führt kurzfristig zu Produktivitätssteigerungen, aber mittel- und langfristig zu ungünstigen Arbeitseinstellungen, geringer Kooperation, niedrigen Leistungszielen und Arbeitsleistung, hohem Absentismus und Fluktuation und langfristig zu wirtschaftlichem Misserfolg. Bei den *autoritären Führungssystemen* lassen sich zusätzlich ausbeutende und wohlwollende Systeme unterscheiden. Hiervon lassen sich unterstützende und oder *partizipative Führungssysteme* abgrenzen. Sie basieren auf Vertrauen und einer positiven Einstellung zu den Mitarbeitern, fördern die Kommunikation, gewähren Einfluss und setzen auf Loyalität. Damit sinken Absentismus und Fluktuation und die Produktivität steigt. Wie ein System einzustufen ist und welche Wirkung es entfaltet, hängt von der subjektiven Wahrnehmung durch die Mitarbeiter ab, die durch Befragungen ermittelt werden kann (Survey-Feedback). Die Selbsteinschätzung oder Überzeugung des Managements ist dabei irrelevant.

Die Schaffung verbesserter Kommunikations- und Entscheidungsprozesse ist bei Likert ein zentraler Gestaltungsansatz. Hierzu schlägt er die Einrichtung sich überlappender Gruppen und Projektgruppen vor, damit Probleme aus der Sicht der gesamten Organisation diskutiert werden können. Dabei handelt es sich um einen Gedanken, der später im Zuge der Einführung von Qualitätszirkeln aufgegriffen wurde. Dass die Gruppen miteinander in Verbindung bleiben und sich nicht isolieren oder verselbständigen, wird durch sogenannte *Linking Pins* gewährleistet. Das bedeutet, dass einzelne Personen immer in mehreren Gruppen mitarbeiten und damit für den Austausch und den Informationsfluss sorgen.

Nicht unerwähnt bleiben soll das ähnlich gelagerte *Mix-Modell* vor Argyris (1957, 1964), das Organisationstheorien und Motivationstheorien kombiniert. Wie auch Likert postuliert Argyris, dass die traditionellen Organisationsformen ineffizient sind, weil sie mit den Bedürfnissen ihrer Mitglieder in Konflikt stehen.

Arbeitsteilung, Hierarchie, Kontrollspanne und Kontrolle stehen im Widerspruch zum Streben nach Erfolg und Selbstverwirklichung. Das führt zu psychologischem Misserfolg und Frustration und damit zu Minderleistung. Umgekehrt sind Individuen mit hinreichenden psychologischen Erfolgserlebnissen und einem resultierenden hohen Selbstwertgefühl in einem optimalen psychischen Zustand, der hohe Motivation bedeutet und gute Leistung ermöglicht. Dafür ist es erforderlich, dass Ziele selber bestimmt werden können und dass diese im Einklang mit den individuellen Werten sind. Dazu müssen alle Organisationsmitglieder über gleiche Macht und Verantwortung verfügen und Einfluss auf die Kernaktivitäten ausüben können. Nur im Konsens aller Betroffenen dürfen Macht und Verantwortung delegiert werden. Die Bereiche des Einflusses sind für alle Organisationsmitglieder gleich und umfassen alle wichtigen Fragen ohne Einschränkungen. Organisationen dieses Typs ermöglichen den größten »psychologischen Erfolg« für die Organisationsmitglieder und lassen daher die größte Effektivität erwarten.

Fragen zur Selbstüberprüfung

1. Worauf basieren die zentralen Annahmen der »Human-Relations-Bewegung«?
2. Was versteht man unter dem Hawthorne-Effekt?
3. Welche Faktoren wirken sich auf die Leistung von Gruppen aus?
4. Welche gruppendynamischen Prozesse gefährden die Leistung in Gruppen?
5. Was sind die Gemeinsamkeiten und Unterschiede der Managementansätze von McGregor, Tannenbaum & Schmidt, Likert und Argyris?

2.4 Aktionswissenschaftliche Stufe

In dieser Stufe steht die Arbeitsaufgabe bzw. der Arbeitsinhalt im Mittelpunkt. Die Qualität der Aufgabe ist der entscheidende Schlüssel für die Erreichung weitergehender Ziele wie umfassende *psychosoziale Gesundheit und Persönlichkeitsförderlichkeit*. Standen bei den vorangehenden Stufen Ausführbarkeit, Schädigungslosigkeit und Zumutbarkeit als Gestaltungskriterien im Vordergrund, die durch eine wechselseitige Anpassung des Menschen und der technischen und sozialen Arbeitsbedingungen erreicht werden sollen, geht der jetzt formulierte Anspruch weiter.

An den Platz einer *engeren Fragestellung*, die sich auf Möglichkeiten einer wechselseitigen Optimierung beschränkt, tritt jetzt eine *erweiterte Fragestellung*, die nach der Bedeutung der Arbeit für die Persönlichkeit fragt (Volpert, 1985). In diesem Sinne geht es jetzt nicht vorrangig darum, den Menschen mit seinen physischen und psychischen Besonderheiten in die Arbeit einzupassen, um bestmögliche Leistung zu erzielen, sondern die Arbeit als zentralen Lebensbereich so zu gestalten, dass sie dem Menschen bestmögliche *Entwicklungsmöglichkeiten* für seine Persönlichkeit und Gesundheit gibt. So mögen Verbesserungen der ergonomischen Arbeitsbedingungen die Arbeit zwar erleichtern und eine offene und wertschätzende Kommunikation mag wichtige soziale Bedürfnisse befriedigen – sie ermöglichen aber nicht automatisch auch eine Weiterentwicklung individueller Kompetenzen und Handlungsmöglichkeiten. Hierzu bedarf es anspruchsvoller und herausfordernder Aufgaben, mit deren Bewältigung gleichzeitig Lern- und Entwicklungschancen verbunden sind. Das entspricht der verbreiteten Erkenntnis, dass Menschen mit ihren Aufgaben wachsen.

Damit liegt der zentrale Ansatz in der *Überwindung des Taylorismus*. Die Aufhebung der Trennung von Denken und Tun bedeutet, für anspruchsvolle Aufgaben mit entsprechenden *Handlungs- und Entscheidungsspielräumen* zu sorgen, die selbständiges und eigenverantwortliches Handeln ermöglichen. Wenn Menschen durch ihre Arbeit lernen, Probleme selbständig oder in Kooperation mit anderen zu lösen, Konflikte zu bewältigen, langfristig Ziele zu verfolgen, sich selber zu organisieren und zu motivieren, dann beschränkt sich dieser Kompetenzzuwachs nicht nur auf die Arbeit, sondern auf die gesamte Persönlichkeit und andere Lebensbereiche.

Es wird auch ein über den ökonomischen und wirtschaftlichen Bereich hinausgehender gesellschaftspolitischer Anspruch nach Humanisierung, Chancengleichheit und Demokratisierung formuliert. Entsprechend wurden in Deutschland in den 1970er und 80er Jahren umfangreiche Programme zur *Humanisierung des Arbeitslebens* (HdA) aufgelegt und die Mitbestimmungsrechte im *Betriebsverfassungsgesetz* (1952, 1972) angepasst. Die einschlägigen Theorien, Konzepte und Studien werden im Folgenden dargestellt.

2.4.1 Die Bedeutung der Aufgabe für Motivation und Arbeitszufriedenheit

Wie rückte der Arbeitsinhalt in den Mittelpunkt der Aufmerksamkeit? Hier sind zum einen wieder die motivationspsychologischen Konzepte aus der humanistischen Psychologie zu nennen. Das wohl prominenteste Modell der *Bedürfnishierarchie* von Maslow (1954) unterschied in aufsteigender Reihenfolge Grundbedürfnisse, Sicherheit, Kontakt, Anerkennung und *Selbstverwirklichung als höchstes Motiv.* Sie werden meist als Pyramide mit den Grundbedürfnissen an der Basis und der Selbstverwirklichung an der Spitze dargestellt. In einer vereinfachten Variante der Bedürfnispyramide unterscheidet Alderfer (1972) in seinem *ERG-Modell* nur drei Motive: Existence, Relatedness und Growth, d. h. Motive, die der Existenzsicherung dienen, soziale Motive und Wachstumsmotive. Verglichen mit dem Menschenbild der gruppenwissenschaftlichen Perspektive, das vor allem durch den »Social Man« geprägt ist, sind nun Wachstum und Entwicklung die wesentlichen Merkmale des Menschen (»Self-actualizing Man« oder »Complex Man«).

Während sich die ersten vier Bedürfnisse nach Maslow als *Defizitmotive* charakterisieren lassen, bei denen ein Mangel behoben werden muss, handelt es sich bei der Selbstverwirklichung um ein *Wachstumsmotiv*. Vereinfacht können die Grundbedürfnisse und Sicherheitsbedürfnisse befriedigt werden, wenn der Arbeitsplatz und ein auskömmliches Einkommen gesichert sind und keine gesundheitlichen Risiken zu befürchten sind. Bedürfnisse nach Kontakt und Anerkennung können durch ausreichende Kontakt- und Kommunikationsmöglichkeiten sowie offene und wertschätzende Kommunikation erfüllt werden. Die Möglichkeit, sich in der Arbeit selber zu verwirklichen, indem eigene Ziele verfolgt und neue Kompetenzen erworben werden, ist direkt an die Arbeitsaufgabe und deren Inhalt gebunden. Damit ist der Arbeitsinhalt der entscheidende Schlüssel zur Befriedigung des höchsten Motivs.

Ein ähnliches Denken findet sich in der *Zwei-Faktoren-Theorie der Arbeitszufriedenheit* von Herzberg, Mausner und Snyderman (1959). Die Befriedigung der unterschiedlichen Motive führt zu unterschiedlichen Qualitäten der Zufriedenheit. Der Grundgedanke besteht darin, *Arbeitszufriedenheit* und *Arbeitsunzufriedenheit* als zwei unabhängige Faktoren zu betrachten. Das bedeutet, dass geringe Zufriedenheit nicht automatisch Unzufriedenheit bedeutet, sondern eher einem neutralen Zustand entspricht und umgekehrt geringe Unzufriedenheit nicht mit Zufriedenheit zu verwechseln ist. Zum Beispiel kann durch die Verbesserung unzureichender klimatischer Umgebungsbedingungen wie Zugluft und Kälte Unzufriedenheit abgebaut werden, aber von der Erfüllung von Grundbedürfnissen ist keine gesteigerte Zufriedenheit zu erwarten.

Herzberg und Kollegen fanden in ihrer Pittsburgh-Studie mit über 200 Technikern und Verwaltungsangestellten zu deren Arbeitssituation und Zufriedenheit heraus, dass es eine Gruppe von Arbeitsbedingungen gibt, die vor allem mit dem Ausmaß der Unzufriedenheit zusammenhängen, und eine weitere Gruppe von Bedingungen, die vor allem mit dem Grad der Zufriedenheit zu korrespondieren schienen. Die erste Gruppe bezeichneten sie als *Hygienefaktoren*, um deutlich zu machen, dass hiermit lediglich eine selbstverständliche Erwartung erfüllt wird. Diese Hygienefaktoren wurden daher auch als Kontextfaktoren bezeichnet. Hierzu zählen vor allem Merkmale des *Arbeitsumfeldes* wie die

1. Bezahlung,
2. die Arbeitsplatzsicherheit und
3. die Umgebungsbedingungen.

Zur zweiten Gruppe, den *Motivatoren*, zählen die

1. Attraktivität der Arbeitsaufgabe,
2. das Ausmaß an Verantwortung sowie
3. die eigenen Entwicklungsmöglichkeiten.

Da es sich hier vor allem um Merkmale des *Arbeitsinhalts* handelt, wurden die Faktoren dieser Gruppe auch als Kontentfaktoren bezeichnet. Damit ist auch hier der Arbeitsinhalt der zentrale Ansatzpunkt zur Steigerung der Arbeitszufriedenheit. Die anderen Faktoren dienen lediglich dem Abbau von Unzufriedenheit. Auch wenn diese Studie methodisch kritisiert wurde, hat sie wesentlich mit dazu beigetragen, die Bedeutung des Arbeitsinhalts gegenüber anderen Faktoren hervorzuheben.

2.4.2 Merkmale der Arbeitsaufgabe und neue Formen der Arbeitsgestaltung

Welche Merkmale eine Arbeitsaufgabe aufweisen sollte, ist im *Job-Characteristics-Model* von Hackman und Oldham (1975, 1980) näher spezifiziert. Sie unterscheiden fünf Merkmale:

1. *Variabilität* (Wie unterschiedlich abwechslungsreich ist eine Aufgabe?),
2. *Ganzheitlichkeit* (Inwieweit liegt ein vollständiger Aufgabenzusammenhang vor?),
3. *Bedeutung* (Inwieweit kann die Arbeit als wertvoll oder gesellschaftlich nützlich eingeschätzt werden?),
4. *Autonomie* (Inwieweit kann der Arbeitende selber bestimmen, wie er die Aufgabe am besten ausführt?) und

5. *Feedback* (Inwieweit erhält der Arbeitende eine Rückmeldung über die Ergebnisse seiner Arbeit?).

In ihrem Modell postulieren Hackman und Oldham, dass Variabilität, Ganzheitlichkeit und Bedeutung sich vor allem auf die erlebte *Sinnhaftigkeit* auswirken, und der Grad der Autonomie das Ausmaß der erlebten *Verantwortung* beeinflusst. Das Erleben von Sinnhaftigkeit und Verantwortlichkeit wiederum führen zu einer hohen *intrinsischen Motivation.* Das bedeutet, dass eine Arbeit nicht nur zum Geldverdienen ausgeübt wird, sondern weil sie ein hohes psychisches Befriedigungspotenzial aufweist. Auch hier wird davon ausgegangen, dass eine hohe intrinsische Motivation zu mehr Leistung führt. Zur Bestimmung des Motivationspotenzials haben Hackman und Oldham die einzelnen Merkmale in einer Formel zusammengefasst. Dabei sind Variabilität, Ganzheitlichkeit und Bedeutung als Merkmale, die Sinnhaftigkeit ausmachen, additiv verknüpft. Das bedeutet, dass sie einander zum Teil kompensieren können. Die übrigen Merkmale sind multiplikativ verknüpft. Läge die Ausprägung eines Merkmals bei Null, wäre das Produkt ebenfalls Null. Damit kann auf keinen der drei Hauptbestandteile verzichtet werden.

$$\frac{\text{Variabilität} + \text{Ganzheitlichkeit} + \text{Bedeutung}}{3} \times \text{Autonomie} \times \text{Rückmeldung}$$

Eine Meta-Analyse von Fried & Ferris (1987) auf der Basis von 22 Einzelstudien ergab, dass vor allem Variabilität, Autonomie und Feedback jeweils stark mit der Arbeitszufriedenheit zusammenhängen (.45, .48 und .43). Für die Leistung erweisen sich vor allem Autonomie und Feedback als bedeutsam (.18 bzw. 22). Auch konnte für alle Merkmale gemeinsam ein bedeutsamer durchschnittlicher negativer Zusammenhang von –.32 zu Absentismus nachgewiesen werden.

Zusammenfassung

Im vorangehenden Kapitel wurde dargestellt, mit welchen unterschiedlichen Konzepten und Maßnahmen versucht wird, das Zusammenspiel von Arbeit, Mensch, Technik und Organisation zu optimieren. Zur Systematisierung wurde ein historisches Stufenmodell eingeführt. Ausführlich wurden zunächst die Prinzipien des Taylorismus und des Bürokratieansatzes vorgestellt. Charakteristisch für die nachfolgende individualwissenschaftliche Stufe sind Fragestellungen aus den Bereichen der Ergonomie, Arbeitszeitgestaltung und Eignungsdiagnostik. Im Vordergrund steht hier die gegenseitige Anpassung von Mensch und Arbeit. In der gruppenwissenschaftlichen Stufe wird die sozialpsychologische Perspektive betont. Zentral ist hier der Human-Relations-Ansatz. Abschließend wurden Ansätze dargestellt, die die motivationale Bedeutung des Arbeitsinhalts in den Mittelpunkt stellen. Sie markieren die aktionswissenschaftliche Stufe.

Fragen zur Selbstüberprüfung

1. Welche Bedeutung hat die »Zwei-Faktoren-Theorie der Arbeitszufriedenheit«?
2. Welche empirischen Belege gibt es für die Bedeutung der Dimensionen des »Job-Characteristics-Model«?

3 Arbeitsgestaltung

Inhalt
Sie lernen die Gestaltungskonzepte job rotation, enlargement, enrichment und Teilautonome Gruppen als neue Formen der Arbeit kennen. Im Anschluss werden Konzepte der Gruppenarbeit ausführlicher dargestellt. Als theoretische Basis für die Arbeitsgestaltung werden die Grundlagen der Handlungsregulationstheorie vermittelt. Abschließend wird ein Überblick über die unterschiedlichen Ansätze der Arbeitsanalyse und Arbeitsgestaltung gegeben.

Die Erkenntnis, dass der Arbeitsaufgabe eine zentrale Bedeutung zukommt, ist die Grundlage für unterschiedliche Ansätze, die systematische Analyse- und Gestaltungslösungen zur Optimierung des Arbeitsinhalts unterbreiten.

3.1 Neue Formen der Arbeitsgestaltung

Ein ähnliches Modell wie Hackman und Oldham (1975) haben Ulich, Groskurth und Bruggemann (1973) zugrunde gelegt und darauf aufbauend eine Systematik von »Neuen Formen der Arbeitsgestaltung« entwickelt. Ähnlich wie bei Hackmann und Oldham werden die Variabilität und der Entscheidungsspielraum (gleichbedeutend mit Kontrolle oder Autonomie) unterschieden. Beide Dimensionen können unterschiedlich stark ausgeprägt sein und spannen einen zweidimensionalen Raum, den *Handlungsspielraum* als zentrales Aufgabenmerkmal, auf. Eine weitere Dimension ist der Interaktionsspielraum, der sich nach dem Ausmaß der Kooperationserfordernisse bemisst.

Die Erhöhung bzw. Erweiterung des Handlungsspielraums ist der zentrale Ansatzpunkt einer persönlichkeitsförderlichen Arbeitsgestaltung. Dabei lassen sich verschiedene Gestaltungsformen unterscheiden, die als *Neue Formen der Arbeitsgestaltung* bezeichnet werden (Ulich, 1972, 2001). Dabei handelt es sich um

1. Job rotation,
2. Job enlargement,
3. Job enrichment und
4. das Konzept der teilautonomen Arbeitsgruppen (TAG).

Job rotation bedeutet einen Arbeitsplatzwechsel und damit verbunden einen Wechsel der Tätigkeit. Dadurch wird die Arbeit abwechslungsreicher, und die Variabilität steigt. Gesundheitliche Risiken durch einseitige Belastungen können auf diesem Wege reduziert werden. Allerdings bleibt bei dieser Form der Arbeitsgestaltung der Entscheidungsspielraum unverändert.

Beim *Job enlargement* werden vor- und nachgelagerte Aufgaben zusammengefasst. Damit steigt vor allem wieder die Variabilität. Darüber hinaus wird die Aufgabe ganzheitlicher, der Sinnzusammenhang wird deutlicher, und es entstehen kleine Spielräume z. B. bei der Bearbeitungsreihenfolge. Allerdings kann noch nicht von einer bedeutsamen Erhöhung des Handlungsspielraums gesprochen werden, da sich der Entscheidungsspielraum nur unwesentlich verändert.

Erst durch *Job enrichment* kommt es zu einer entscheidenden Erweiterung des Handlungsspielraums durch eine wesentliche Erhöhung des Entscheidungsspielraums. Ein höherer Entscheidungsspielraum liegt vor, wenn es möglich ist, weitgehend selber zu entscheiden, auf welche Art und Weise, mit welchen Mitteln und in welcher Reihenfolge Arbeitsaufgaben erledigt werden. Damit besteht die Möglichkeit, eine Arbeit nicht nur auszuführen, sondern Ziele selber zu formulieren und sie ggf. flexibel an die aktuellen Erfordernisse anzupassen, eigenständig zu planen, wie das das Ziel am besten erreicht wird, und immer wieder selber zu kontrollieren, ob und wie gut das Ziel erreicht wird. Das eigene Arbeitshandeln wird also weitgehend eigenständig und eigenverantwortlich *reguliert* und nicht von außen gesteuert. Darin liegt die eingangs erwähnte Aufhebung der tayloristischen Trennung von Denken und Tun. Damit verbunden ist auch die Chance, unterschiedliche Vorgehensweisen zu erproben, Erfahrungen damit zu sammeln und aus diesen zu lernen, um so das eigene Arbeitshandeln verbessern.

Mit dem Konzept der *teilautonomen Arbeitsgruppen* kommt die Gruppenperspektive ins Spiel. Gruppenarbeit liegt im Prinzip vor, wenn einzelne Arbeitende organisatorisch zusammengefasst sind und zur Erreichung ihrer Ziele miteinander interagieren und kooperieren müssen. Auch hier kann die Art der Kooperation von außen z. B. durch Vorschriften und den Vorgesetzten gesteuert (geringer Handlungsspielraum der Gruppe) oder weitgehend durch die Gruppe selbst reguliert werden. Beispiele hierfür sind die Einsatz- und Kapazitätsplanung, die Abstimmung und Koordinierung zwischen den Arbeitsbereichen in der Gruppe, die Einarbeitung neuer Kollegen, die Organisation der Weiterbildung etc. Auch wenn die Gruppe sich weitgehend selbst organisiert, ist sie in die Gesamtorganisation eingebunden und muss sich an den Erfordernissen vor- und nachgelagerter Arbeitseinheiten orientieren. Damit ist sie nicht autonom, sondern teilautonom.

Fragen zur Selbstüberprüfung

1. Wie lassen sich Job rotation, Job enlargement, Job enrichment und das Konzept der teilautonomen Arbeitsgruppen unterscheiden?
2. Was versteht man unter dem Konzept des Handlungsspielraums?

3.2 Gruppenarbeit

Die Einführung und Gestaltung von Gruppenarbeit geht auf unterschiedliche Entwicklungen zurück. Aus der *aktionswissenschaftlichen* Perspektive bieten teilautonome Arbeitsgruppen Entwicklungsmöglichkeiten für den Einzelnen wie für die Gruppe. Individuelle Kompetenzen, aber auch die Fähigkeit zur Teamarbeit werden durch kollektives Handeln gefördert. Darüber hinaus ist es zum einen die Erkenntnis der *gruppenwissenschaftlichen* Perspektive, dass Menschen in der Arbeit soziale Bedürfnisse und Motive nach Zugehörigkeit und Anerkennung befriedigen wollen und die Gruppe einen erheblichen Einfluss auf das Verhalten des Einzelnen hat. Zum anderen ist es die *soziotechnische* Perspektive mit der Erkenntnis, dass Gruppen flexibler und effizienter agieren können, wenn sie nicht nur von außen gesteuert werden, sondern die Möglichkeit haben, sich selber zu steuern. Damit kann den wechselnden Anforderungen der Aufgaben und auch den individuellen Bedürfnissen der einzelnen Gruppenmitglieder effizienter Rechnung getragen werden.

Aus diesem Grund sind Fragen nach der Effektivität unterschiedlicher Formen der Gruppenarbeit nicht nur ein zentrales Thema der Arbeits- und Organisationspsychologie, sondern auch der betrieblichen Praxis. Darüber hinaus interessiert Wissenschaftler und Praktiker gleichermaßen, welche Bedingungen die Effektivität fördern bzw. einschränken. War Gruppenarbeit zunächst auf wenige prominente Vorzeigeprojekte, zum Beispiel bei Volvo in der Automobilproduktion, beschränkt, hat die *Verbreitung* seit den 1980er Jahren deutlich zugenommen. Antoni und Bungard (2004) berichten, dass bezogen auf die umsatzgrößten deutschen Industrieunternehmen der Anteil der Unternehmen mit teilautonomen Arbeitsgruppen von 25 % im Jahr 1990 auf 64 % im Jahr 2000 angestiegen ist. Der Verbreitungsgrad von Qualitätszirkeln liegt 1995 bei 56 % gegenüber 40 % im Jahr 1985.

Nach Antoni und Bungard (2004) bestehen Arbeitsgruppen aus zwei oder mehr Personen, die über einen gewissen Zeitraum eine gemeinsame Aufgabenstellung zusammen bearbeiten, dabei ein gemeinsames Ziel verfolgen. Sie entwickeln in der Zusammenarbeit unterschiedliche Rollen und gemeinsame Spielregeln und nehmen sich als Gruppe wahr. Hacker (1994) betont das Vorhandensein einer »kooperativ auszuführenden

Aufgabe«. Um von *Kooperationserfordernissen* sprechen zu können, müssen folgende Bedingungen erfüllt sein:

1. eine gemeinsame Handlungsplanung zur Erreichung gemeinsamer bzw. geteilter Ziele,
2. gemeinsame Entscheidungen auf der Grundlage eines gemeinsamen Handlungsspielraums,
3. Rotation über verschiedene Arbeitsstationen sowie
4. Kommunikation für die Abstimmung in der Gruppe.

Es handelt sich damit nicht um Gruppenarbeit, wenn lediglich ähnliche Aufgaben räumlich zusammengefasst sind oder die Mitglieder einer Gruppe nur Sichtkontakt haben.

Das Ausmaß dieser Kooperationserfordernisse und der Interaktionsspielraum sind *qualitätsbestimmende Merkmale* von Gruppenarbeit. Je stärker die folgenden Merkmale ausgeprägt sind, umso eher können die Potenziale der Gruppenarbeit ausgeschöpft werden:

1. Grad der Selbstregulation hinsichtlich Ziele, Arbeitsweise, Arbeitsteilung und Mitgliedschaft,
2. möglichst geringer Grad an Standardisierung,
3. Möglichkeit zur Rotation und Aufgabenerweiterung,
4. regelmäßige Gruppengespräche und
5. kollektive Planungsphasen.

Aufgabenerweiterung kann zum einen durch die Integration indirekter bzw. vor- oder nachgelagerter Aufgaben (Wartung, Reparatur, Reinigung, Transport, Materialbeschaffung) erzielt werden (Enlargement) und zum anderen durch die Schaffung ganzheitlicher, vollständiger Aufgaben (vollständigeres (Teil-) Produkt, Planung, Steuerung und Kontrolle (Qualität), eigenständige Planung und Kontrolle) erreicht werden (Enrichment).

Um die Eigenständigkeit und Selbststeuerung der Gruppe zu fördern, wird zum Teil auch die Führungsstruktur verändert. Statt der üblichen Meister oder Vorarbeiter werden *Gruppensprecher* eingesetzt, die eher eine koordinierende und moderierende Funktion haben und in dieser Funktion teilweise auch rotieren. Angepasst werden müssen auch die

Schnittstellen zu vor- und nachgelagerten Arbeitsgruppen. Hier ist darauf zu achten, dass ausreichend technische und *organisatorische Unabhängigkeit* (Teilautonomie) von anderen Gruppen besteht, indem z. B. genügend Puffer eingerichtet werden.

Typischerweise lassen sich folgende *Organisationsformen* unterscheiden Zum einen handelt es sich um Gruppenarbeitsformen, die *parallel* zur bestehenden Organisationsstruktur eingerichtet werden. Das bekannteste Beispiel sind wohl Qualitätszirkel. Hierzu gehören aber auch Projektgruppen, die außerhalb der eigentlichen Arbeit zusammentreffen. Bei *Qualitätszirkeln* (QZ) handelt es sich um Gruppen, die sich regelmäßig treffen, um Qualitätsprobleme im eigenen Arbeitsbereich zu identifizieren und hierfür Lösungen zu entwickeln. Ursprünglich wurde dieses Konzept in Japan entwickelt und praktiziert. Es folgt der Philosophie eines ständigen Verbesserungsprozesses (»Kaizen«), der vor allem durch die Mitarbeiter getragen wird (Imai, 1986).

Tatsächlich konnte nachgewiesen werden, dass durch die Einführung von QZ Ausschuss, Stillstand und Fehlzeiten reduziert (Marks, Mirvis, Hackett & Grady, 1986) und die Produktivität gesteigert werden konnten (Moses & Stahelski, 1999). Kritisch ist allerdings anzumerken, dass sich der Inhalt der eigentlichen Arbeit (z. B. am Fließband) nicht ändert. Daher sind auch Gruppenarbeitsformen zu nennen, die *integrierter* Bestandteil der regulären Arbeitsorganisation sind. Hierzu zählen die bereits genannten *teilautonomen Arbeitsgruppen* (TAG) mit dem vergleichsweise höchsten kollektiven Handlungsspielraum.

Bei *Fertigungsinseln* handelt es sich um ähnliche Konzepte. Theerkorn & Lingemann (1987) konnten in einer Studie in der Elektroindustrie zeigen, dass durch die Einführung von Fertigungsinseln die Durchlaufzeiten um 60 % und der Ausschuss um 70 % verringert wurden. Die Leistung konnte um 25 % gesteigert werden. Bei Toyota wurden recht frühzeitig Fertigungsteams in der regulären Automobilproduktion eingesetzt. Diese Organisationsform wurde daher auch als *Toyotismus* bekannt. Allerdings ist der kollektive Handlungsspielraum deutlich geringer als bei den TAG (Schumann & Gerst, 1997). Immerhin gibt es aber Möglichkeiten der Rotation, gegenseitigen Unterstützung und Qualitätssicherung vor Ort.

Ein Überblicksartikel von Antoni und Bungard (2004) zeigt, dass es zahlreiche *Belege für positive Effekte* von Gruppenarbeit gibt. Vor allem zeigen sich Produktivitätszuwächse, Verbesserungen bei der Arbeitszufriedenheit und eine Erhöhung der Komplexität der Arbeitsaufgaben. Allerdings gibt es auch Studien, bei denen keine Effekte oder nur wenige nachgewiesen werden konnten. Das ist besonders dann der Fall, wenn Gruppenarbeit unter ungünstigen Rahmenbedingungen eingeführt wird. Folgende Bedingungen stehen einer erfolgreichen Einführung von Gruppenarbeit entgegen (Buchinger, 2004):

1. eine konkurrenzorientierte Unternehmenskultur,
2. Entlohnungsformen passen nicht zur Teamstruktur,
3. die soziale und methodische Qualifizierung für Teamarbeit ist unzureichend (keine Teamentwicklung und -begleitung),
4. Teams erhalten Zielvorgaben, die ein Ausscheiden von leistungsschwächeren Teammitgliedern erzwingen, sowie Belastungen durch Personalabbau.

Folgende Faktoren wirken sich hingegen positiv auf die Effektivität von Gruppenarbeit positiv aus:

1. technische und organisatorische Unabhängigkeit, Handlungsspielräume wirken als Puffer (Schumann & Gerst, 1997),
2. Produkt- und planungsbezogene Gruppenautonomie, fortgeschrittenes Entwicklungsstadium der Gruppe (Janz, Colquitt & Noe, 1997),
3. Balance zwischen Belohnung auf Gruppen- und Individualebene (Erez & Somech, 1996),
4. Teambuilding, Teamentwicklung (Salas, Rozell, Driskell & Mullen, 1999; Stumpf & Thomas, 2003),
5. systematische partizipative Zielsetzung und Feedback (Baron, Kerr & Miller, 1993; Pritchard, Kleinbeck & Schmidt, 1993),

6. Unterstützung durch den Vorgesetzten (Griffin, Patterson & West, 2001; Hyatt & Ruddy, 1997),
7. häufiger Informationsaustausch, Vertrauen in die Gruppeneffektivität und Gruppenkohäsion (Hyatt & Ruddy, 1997; Mullen & Copper, 1994).

Fragen zur Selbstüberprüfung

1. Was ist der Unterschied zwischen teilautonomen Arbeitsgruppen und Qualitätszirkeln?
2. Was sind förderliche und hinderliche Bedingungen für erfolgreiche Gruppenarbeit?
3. Was versteht man unter dem Konzept des kollektiven Handlungsspielraums?

3.3 Handlungstheoretische Grundlagen

Wenn die Arbeitsaufgabe der zentrale Ansatzpunkt ist, um humane und persönlichkeitsförderliche Arbeitsplätze zu gestalten, wird eine Theorie benötigt, mit der Arbeitshandeln beschrieben und erklärt werden kann. Diese theoretischen Grundlagen dienen einer differenzierten Analyse der Arbeitstätigkeit und sind die Grundlage für die Gestaltung.

Den theoretischen Hintergrund der Analyse von Arbeitshandeln bildet die psychologische Handlungstheorie (Hacker, 1998) bzw. *Handlungsregulationstheorie* (Volpert, 1983). Sie steht in der Tradition der *Tätigkeitstheorie* (Leontjew, 1973) und nimmt Bezug auf *kognitive Theorien* (Miller, Galanter & Pribram, 1973). Ausführliche Darstellungen finden sich auch bei Volpert (1987) und Dunckel (1986).

Ausgangspunkt dieses Ansatzes ist die Handlung. Handlungen bilden nach Hacker (1998) die kleinste psychologische Einheit der willensmäßig gesteuerten Tätigkeiten. Die Abgrenzung dieser Handlungen erfolgt durch das bewusste Ziel, das die Vorwegnahme des Ergebnisses der Handlung darstellt. Durch das jeweilige Ziel sind Handlungen selbständige, abgrenzbare Grundbestandteile oder Einheiten der Tätigkeit. Wie lassen sich Handlungen in den übergeordneten Tätigkeitszusammenhang einordnen und wie setzen sich bestehende Handlungen zusammen? Größere zusammenhängende Handlungsgefüge, deren Ziele komplexer, langfristiger und nicht immer in allen Bereichen bewusst sind, werden als Tätigkeit bezeichnet. Unselbständige Bestandteile von Handlungen im Sinne von einzelnen Verrichtungen, die nicht einem eigenständigen Ziel zugeordnet werden können, werden als Operationen bezeichnet (Hacker, 1998).

Wie aus **Abbildung 3.1** ersichtlich, lassen sich Tätigkeit, Handlung und Operation hierarchisch anordnen und hinsichtlich verschiedener Merkmale unterscheiden. Größere Handlungszusammenhänge werden als *Tätigkeit* bezeichnet. Tätigkeiten werden maßgeblich durch Motive und Interessen, die in der Persönlichkeit begründet sind, gesteuert, und die zeitliche Perspektive ist eher langfristig.

Beispiel

▶ Beispiele für Tätigkeiten sind größere Aufgabenbereiche der Arbeit z. B. Kundenberatung und Verkauf, Verwaltung, Werbung, Autoreparatur etc., aber auch eine Ausbildung oder ein Studium. ◀◀

Handlungen sind kleinere, durch ein konkretes Ziel abgrenzbare Einheiten, mit denen Arbeitsaufgaben oder Aufträge erledigt. Ziele sind bewusste Vorwegnahmen eines Endzustandes. Ist dieser Endzustand erreicht, gilt die Handlung als abgeschlossen. Das Ziel ist für die erfolgreiche Erledigung das maßgebliche Kriterium. Damit hat das Ziel als Prüfgröße eine wichtige Steuerungsfunktion. Abweichungen machen deutlich, dass noch Handlungsbedarf besteht bzw. die Handlung noch nicht beendet ist.

Beispiel

▶ Beispiele für Handlungen sind ein Angebot schreiben, einen Antrag bearbeiten, eine Autoinspektion durchführen oder im Studium eine Hausarbeit oder ein Referat anfertigen etc.) ◀◀

Ebene	Steuerung	Zeitperspektive	Bewusstheit	Faktoren
Tätigkeit	Motive	langfristig	intellektuell	Persönlichkeit
Handlung	Ziele	kurz- und mittelfristig	bewusst	Arbeitsaufgabe
Operation	sensu-motorisch	unmittelbar	automatisiert	Umwelt-bedingung

Abb. 3.1: Handlungsebenen

Zur Erreichung des Ziels bedarf es einer Reihe von *Operationen*, mit denen konkrete Veränderungen der Umwelt bewirkt werden. Die Feinsteuerung dieser Operationen erfolgt weitgehend automatisiert auf der sensomotorischen Ebene, während die Handlungssteuerung und Kontrolle kognitiv reguliert wird und durchaus bewusst ist. Veränderungen können materieller, aber auch informatorischer Art sein (am PC Text schreiben, Befehle eingeben etc.).

Beispiel

▶ Für die Handlung der Autoinspektion sind Operationen zum Beispiel Motor auf Betriebstemperatur bringen, Motorhaube öffnen, Ölmessstab herausziehen und Öldeckel entfernen, Kfz auf der Hebebühne platzieren, Kfz hochfahren, Auffangwanne platzieren, Ölablassschraube lösen etc.). ◀◀

Der handlungstheoretische Ansatz geht von folgenden Grundannahmen aus.

- *Zielgerichtetheit*: Handlungen sind auf Ziele ausgerichtet. Sie werden durch Ziele initiiert. Gleichzeitig bilden Ziele die Grundlage für die Überprüfung der Handlungsergebnisse. Dem liegt die Annahme zugrunde, dass sich der Handelnde in aktiver, tätiger Auseinandersetzung mit der Umwelt befindet und diese nach seinen Zielen gestaltet und ver-

ändert. Es ist ein wesentliches Merkmal menschlichen Handelns, dass das Handlungsergebnis vor Beginn der Handlung bereits als Soll-Zustand antizipiert wird.
- *Hierarchisch-sequentieller Prozess*: Handlungen bestehen nicht nur aus einer beobachtbaren Verhaltenskette. Vielmehr sind die handlungssteuernden bzw. regulierenden psychischen Prozesse und Strukturen entscheidend. Die psychische Regulation erfolgt mittels innerer Repräsentationen und »operativer Abbildsysteme« (Hacker, 1998). Zu diesen inneren Vorstellungen und Repräsentationen zählen Ziele, Pläne, Strategien und Feedbackschleifen. Ein wesentliches Merkmal dieser Annahme ist die Einheit von Denken und Tun, d.h. der Geschlossenheit von Zielbildung, Planung, Ausführung und Kontrolle.
- *Gesellschaftlichkeit*: Möglichkeiten und Bedingungen des Handelns sind aus einer historischen Perspektive gesellschaftlich bedingt, aber auch aktuell in soziale Zusammenhänge eingebunden. Ebenso wie in der Auseinandersetzung mit der konkret-materiellen Umwelt liegt eine wechselseitige Bedingtheit mit der sozialen Umwelt vor.
- Entsprechend lassen sich Handlungen als *zyklische Einheiten* modellieren, die unterschiedliche Phasen der Handlung beinhalten. Ausgehend von einem Ziel erfolgt ein Soll-Ist-Vergleich als Grundlage für die Generierung eines Handlungsplanes bzw. einer Abfolge von Operationen, die dann ausgeführt werden. Nach Abschluss dieser Operationen erfolgt eine Rückmeldung über das erreichte Ergebnis, das in einem erneuten *Soll-Ist-Vergleich* mit dem Ausgangsziel verglichen wird.

Die einzelnen Operationen können selbst wieder als Ausgangspunkte untergeordneter zyklischer Einheiten gefasst werden. Genauso kann das Ausgangsziel Bestandteil einer Abfolge von Operationen einer übergeordneten Einheit sein. Auf diese Weise ergibt sich eine hierarchische Verschachtelung zyklischer Einheiten, die als Pyramide bei der Regulation sequentiell durchlaufen wird. Mithilfe dieses Modells kann die Regulation komplexer, langfristiger Handlungen bei gleichzeitiger

Stabilität und *Flexibilität* unter sich verändernden Umweltbedingungen oder bei Handlungsfehlern beschrieben werden.

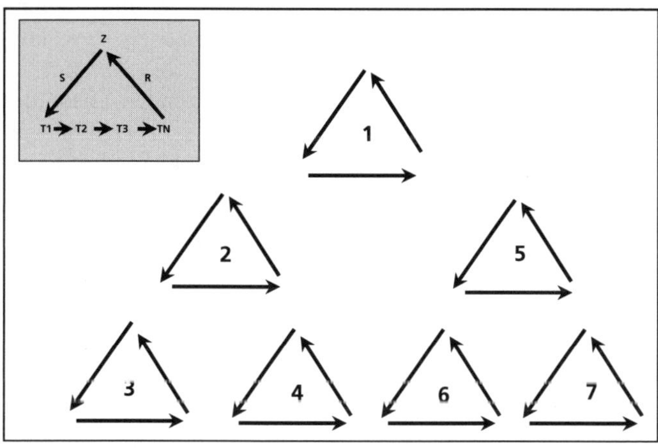

Abb. 3.2: Hierarchisch-sequentielle Struktur der Handlungsregulation

Eine Erweiterung dieses Ansatzes hat Oesterreich (1981) mit dem Handlungsfeldmodell entwickelt. Hier geht es um eine psychologisch begründbare Differenzierung unterschiedlicher Regulationsebenen innerhalb der Hierarchie. Die Ebenen unterscheiden sich durch unterschiedliche Planungs- und Entscheidungserfordernisse:

- *Zielplanung*: Anknüpfend an das Modell der zyklischen Einheit stellt ein Ziel den Ausgangspunkt des Handelns dar. In Abhängigkeit von der Langfristigkeit und Komplexität muss auf der Ebene der Zielplanung zunächst im Sinne einer Strategie eine Abfolge von Zwischenzielen geplant werden. Gemeinsam ist diesen Zielen, dass sie den Handlungsweg nur grob skizzieren, da es nicht möglich ist, den gesamten Handlungsweg detailliert im Voraus zu planen. Stattdessen müssen Abweichungen und Zwischenergebnisse bei der weiteren Feinplanung berücksichtigt werden. Entscheidend ist bei der Planung auf dieser Ebene, sogenannte kritische Konsequenzen zu berücksichtigen, die für die Erreichung des übergeordneten Ziels unabdingbar sind. Hiermit ist gewährleistet, dass der Handlungsverlauf eine auf das jeweils obere Ziel ausgerichtete Stringenz erhält und Abweichungen vermieden bzw. korrigiert werden.

- *Handlungsplanung*: Auf der darunter liegenden Ebene der Handlungsplanung wird eine Abfolge von Handlungen geplant und festgelegt. Entscheidend ist hierbei, dass die Handlungsfolge definitiv bis zum Erreichen eines Teilziels festgelegt werden kann und keine Zwischenergebnisse berücksichtigt werden müssen. Während des Handlungsverlaufs werden die einzelnen Handlungsergebnisse überprüft. Im Falle einer Abweichung muss eine Handlung wiederholt oder ein neues Handlungsprogramm generiert werden.
- *Handlungsausführung*: Auf dieser Ebene wird die Ausführung der einzelnen Handlungen durch entsprechende Operationen reguliert. Hierbei sind keine bewussten Planungs- und Entscheidungsvorgänge, sondern lediglich eine automatisierte Berücksichtigung sich verändernder Umweltbedingungen erforderlich.
- *Bereichs- und Erschließungsplanung*: Darüber hinaus lassen sich zwei weitere Ebenen unterscheiden, die aber über den Rahmen einer verschachtelten Pyramide zyklischer Einheiten, die letztlich auf ein Ziel ausgerichtet sind, hinausgehen. Die Koordinierung der Erreichung unterschiedlicher, unabhängiger Ziele erfolgt auf der Ebene der Bereichsplanung. Werden neue Bereiche des Handelns erschlossen und integriert, erfolgt dies auf der Ebene der Erschließungsplanung.

Die Höhe der *Regulationserfordernisse* ist wesentlich von objektiven Merkmalen der Aufgabe und der entsprechenden Zielstellung abhängig. Kurzfristige und bis ins Detail im Voraus planbare Handlungen weisen beispielsweise relativ geringe Regulationserfordernisse bzw. Chancen auf, während langfristige, komplexe Zielstellungen ein hohes Regulationsniveau ermöglichen. Menschliches Handeln erfolgt in der Regel auf allen Ebenen der Regulation und kann in diesem Sinne als *vollständig* bezeichnet werden, d. h. ausgehend von einem Ziel wird die Erreichung auf unterschiedlichen Ebenen eigenständig gesteuert und kontrolliert. Die hierfür erforderlichen individuellen Leistungsvoraussetzungen (Kompetenzen, Qualifikationen und Erfahrungen) können als vollständige *Handlungskompetenz* bezeichnet werden.

Im Bereich der Arbeit wird jedoch durch das Prinzip der Arbeitsteilung die Vollständigkeit von Aufgaben aufgehoben und reduziert. Insbesondere die vertikale Teilung von Aufgaben (Partialisierung) führt zu eingeschränkten Regulationserfordernissen bzw. Möglichkeiten. Wie z. B. bei der Fließbandarbeit deutlich wird, ist dann nur eine eingeschränkte, unvollständige Handlungsregulation auf der Ebene der Handlungsausführung möglich. Die dauerhafte Begrenzung auf niedrige Regulationsebenen bewirkt, dass die Möglichkeiten und Potenziale, auf allen Ebenen zu regulieren, nicht genutzt und entwickelt werden können und über die Zeit verlernt werden.

Handlungs- und Entscheidungsspielräume bedeuten jedoch nicht nur, über ein »angenehmes« Maß an Freiheit bei der Arbeit zu verfügen. Vielmehr werden sie aus handlungstheoretischer Perspektive benötigt, um komplexe und anspruchsvolle Aufgaben erfolgreich zu bewältigen. Hohe Regulationserfordernisse liegen vor, wenn zur Bewältigung von Arbeitsaufgaben nicht nur ausführende Tätigkeiten erforderlich sind, sondern eigene Ziele generiert werden können, selbständige Planung möglich ist und das Arbeitsergebnis selber kontrolliert wird.

Das bedeutet in der Regel auch, dass die Arbeit Lernerfordernisse beinhaltet bzw. die Chance eröffnet, Neues zu lernen und die eigene Kompetenz zu entwickeln (Bergmann, 1999, 2000; Felfe, 1992). Je komplexer und anspruchsvoller Aufgaben sind, umso eher bieten sie Regulationschancen bzw. -erfordernisse. Die Komplexität einer Aufgabe liefert damit ebenfalls Hinweise auf die Regulationserfordernisse. Je mehr Anteile einer Arbeitsaufgabe durch eine einzelne Person übernommen werden, umso weniger ist die Tätigkeit partialisiert und kann als vollständig oder ganzheitlich bezeichnet werden.

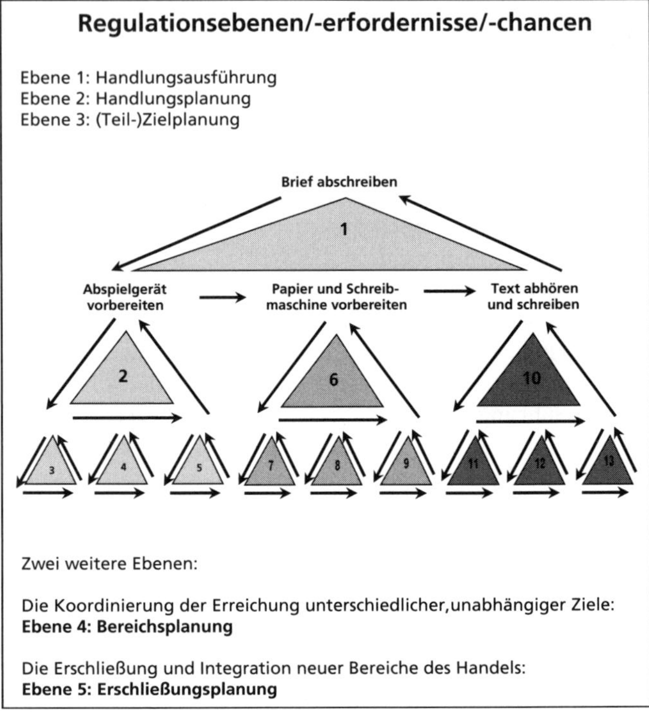

Abb. 3.3: Ebenen der Handlungsregulation

Fragen zur Selbstüberprüfung

1. Wie lassen sich die Begriffe Handlung, Tätigkeit und Operation konzeptionell unterscheiden?
2. Wie werden Handlungen nach dem Modell der Handlungsregulationstheorie gesteuert?
3. Welche Ebenen der Handlungsregulation lassen sich unterscheiden?

3.4 Arbeitsanalyse und Job design

Aus dem vorhergehenden Kapitel folgt, dass der Analyse und Gestaltung von Anforderungen einer Aufgabe (Job design) zentrale Bedeutung zukommt, da durch sie Handlungsmöglichkeiten und Lernchancen festgelegt werden. Das zentrale Anliegen besteht in der *Erhöhung der Planungs- und Entscheidungserfordernisse* durch die Gestaltung vollständiger Aufgaben, d. h. der für die Aufgabenbewältigung notwendigen psychischen Regulationserfordernisse und der damit einhergehenden Entwicklung der Handlungskompetenz (Volpert, Oesterreich, Gablenz-Kolakovic, Krogoll & Resch, 1983).

Nach Ulich (1997) lassen sich dabei mehrere Strategien unterscheiden. Ein Unterscheidungsmerkmal betrifft die zeitliche Perspektive.

1. *Korrektive Gestaltung*: Werden Mängel nachträglich erkannt und behoben, spricht man von korrektiver Arbeitsgestaltung.
2. *Prospektive Gestaltung*: Werden mögliche Schädigungen und Beeinträchtigungen, aber auch Regulationschancen bereits bei der Planung von Arbeitsplätzen vorweggenommen und dadurch vermieden, handelt es sich um prospektive Arbeitsgestaltung.
3. *Dynamische Gestaltung*: Erlaubt die Gestaltung eine flexible Anpassung an die Voraussetzungen der Arbeitenden, spricht Ulich von einer dynamischen bzw. differentiellen Gestaltung.

Ein weiteres Unterscheidungsmerkmal betrifft die Frage, ob die Technik oder die Aufgabe im Mittelpunkt steht. Bei einer technikorientierten Strategie wird eine Lösung entwickelt, die unter technischen Gesichtspunkten ein Höchstmaß an Effizienz bietet. Das kann bedeuten, dass Handlungsspielräume gering sind und wichtige Funktionen zentralisiert werden. Bei der aufgabenorientierten Strategie steht die Qualität der Aufgabe als oberstes Gestaltungsprinzip im Vordergrund.

Abbildung 3.4 zeigt zentrale Unterscheidungsmerkmale beider Strategien. Die Gestaltung von Arbeitsaufgaben und Arbeitsbedingungen setzt zunächst eine systematische Analyse der Aufgaben und Bedingungen an einem Arbeitsplatz voraus. Zur Arbeitsanalyse stehen unterschiedliche Methoden und Instrumente zur Verfügung. Hierzu zählen *physikalische Messungen*, unterschiedliche *Beobachtungs- und Interviewvarianten* sowie *Fragebögen*. Unterschieden wird zwischen Methoden, mit denen eher objektiv erhoben wird, und Methoden, die auf subjektiven Urteilen basieren.

	technikorientierte Gestaltung	**arbeitsorientierte Gestaltung**
Mensch-Maschine Funktionsteilung	nicht automatisierte Resttätigkeiten	ganzheitliche Aufgaben
Kontrolle	zentral, keine Handlungsspielräume	lokale Kontrolle
Steuerung	zentrale Steuerung durch vorgelagerte Bereiche	dezentral im Fertigungsbereich
Informationszugänge	zentral auf Steuerungsebene	vor Ort jederzeit abrufbar
Kompetenz und Verantwortung	Spezialisten (Programmierer, Einrichter ...)	alle Gruppenmitglieder

Abb. 3.4: Gestaltungsoptionen

Auch der Gegenstand der Erhebung kann eher objektiver oder eher subjektiver Natur sein. So kann das Raumklima als objektives Merkmal sowohl mit objektiven Methoden (Thermometer) als auch mit subjektiven Verfahren (Fragebogen) erfasst werden. Ein Überblick über die einschlägigen psychologischen Verfahren zur Arbeitsanalyse findet sich bei Dunckel (1999). Im Folgenden sind exemplarisch einige von ihnen aufgelistet:

ISTA	Instrument zur Stressbezogenen Arbeitsanalyse Version 6.0 (Semmer, 1984; Semmer, Zapf & Dunckel, 1998)
COPSOQ	Instrument zur Erfassung psychischer Belastungen und Beanspruchungen bei der Arbeit (Nübling, Stößel, Hasselhorn, Michaelis & Hofmann, 2005)
FEWS	Frankfurt Emotion Work Scales (Zapf, Vogt, Seifert, Mertini & Isic, 1999)
KZFA	Kurzfragebogen zur Arbeitsanalyse (Prümper, Hartmannsgruber & Frese, 1995)
FAA	Fragebogen zur Arbeitsanalyse (Frieling & Hoyos, 1978)
TAI	Tätigkeits Analyse Inventar (Frieling, Facaoaru, Benedix, Pfaus & Sonntag., 1984)
TBS	Tätigkeitsbewertungssystem (Hacker, Iwanova & Richter, 1983)
JDS	Job Diagnostic Survey (Hackman & Oldham, 1975; deutsche Version von Schmidt, Kleinbeck, Ottmann & Seidel 1985; Schmidt & Kleinbeck, 1999)
SAA	Verfahren zur subjektiven Arbeitsanalyse (Udris & Alioth, 1980)
REBA	Rechnergestütztes Dialogverfahren zur psychologischen Bewertung von Arbeitsinhalten (Pohlandt, Richter, Jordan & Schulze, 1999)
VERA	Verfahren zur Ermittlung von Regulationserfordernissen in der Arbeit (Volpert et al., 1983; Oesterreich, Leitner & Resch, 2000)
RHIA	Verfahren zur Ermittlung von Regulationshindernissen in der Arbeit (Leitner, Volpert, Greiner, Weber, Hennef, Österreich, Resch, Krogoll, 1987; Oesterreich, Leitner & Resch, 2000)
DigA	Diagnoseinstrument gesundheitsförderlicher Arbeit (Ducki, 2000)
SYNBA	Synthetische Beanspruchungs- und Arbeitsanalyse (Wieland, Saßmannshausen Rose & Schwarz, 1999)

F-JAS Fleishman – Job Analyse System für eigenschaftsbezogene Anforderungsanalysen (Kleinmann, Manzey, Schumacher & Fleishman, 2011)

Abbildung 3.5 zeigt die Haupt- und Subdimensionen des SAA sowie die Ergebnisprofile von zwei Arbeitsplätzen. Während der Handlungsspielraum bei diesem Verfahren durch die subjektiven Einschätzungen der Beschäftigten ermittelt wird, erlaubt das VERA-Verfahren (Volpert et al., 1983) eine objektive Ermittlung der Regulationserfordernisse an einem Arbeitsplatz. Das komplementäre RHIA-Verfahren hingegen erlaubt eine objektive Ermittlung von Regulationsbehinderungen, d.h. von objektiven Merkmalen der Arbeit, die die vorgesehene Regulation einer Aufgabe z.B. durch Erschwerungen oder Unterbrechungen behindern oder die Regulationsmöglichkeiten des Arbeitenden z.B. durch ungünstige Umgebungsbedingungen dauerhaft überfordern.

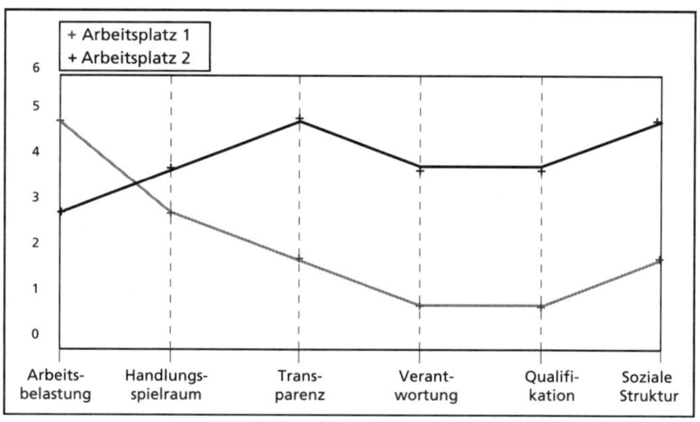

Abb. 3.5 a: Subjektive Arbeitsanalyse: Profile

Hauptdimensionen	Subdimensionen
Handlungsspielraum	Autonomie Variabilität
Transparenz	Feedback Überblick
Verantwortung	für gemeinsame Aufgabe für Ergebnisse
Qualifikation	Anforderungen Einsatz Zukunftschancen
Soziale Struktur	Unterstützung durch Kollegen Kooperation, Interdependenz Respekt durch Vorgesetzten
Arbeitsbelastung	Volumen (quantitative Überforderung) Schwierigkeit (qualitative Überforderung)

Abb. 3.5 b: Subjektive Arbeitsanalyse: Dimension

Beispiel

► Mit dem ISTA-Verfahren werden vor allem unterschiedliche Belastungen und Stressoren in der Arbeit ermittelt:

- Konzentration und Zeitdruck (muss sich nervlich anstrengen, ohne Pausen)
- Unsicherheit und Verantwortung (erhält widersprüchliche Anweisungen)
- Arbeitsorganisatorische Probleme (vertut viel Zeit mit Beschaffung von …)
- Umgebungsbelastungen (Lärm, Beleuchtung)
- Einseitige körperliche Belastungen (langes Stehen, gebeugte Haltung) ◄◄

Beispiel

▶ Auch hier erfolgt die Analyse auf Basis der subjektiven Einschätzungen der Beschäftigten. Beim COPSOQ-Fragebogen handelt es sich um ein ähnliches Screening-Instrument zur Erfassung psychischer Belastungen und Beanspruchungen bei der Arbeit. Die deutsche Version des Fragebogens basiert auf dem dänischen und englischen »Psychosocial Questionnaire« (Nübling et al., 2005). Erfasst werden u.a. folgende Dimensionen:

- Anforderungen, Emotionen zu verbergen
- Work (Family) Privacy Conflict
- Emotionale Anforderungen
- Rollenkonflikte
- Mobbing
- Unsicherheit des Arbeitsplatzes
- Burn-out ◀◀

Während die älteren Arbeitsanalyseverfahren häufig vor allem Industriearbeitsplätze mit ihren spezifischen Anforderungen und Belastungsrisiken im Blick hatten, werden wie im COPSOQ zunehmend die Spezifika von Arbeitsplätzen im Dienstleistungsbereich berücksichtigt. Die Anforderung, Emotionen zu verbergen bzw. zu kontrollieren, ergibt sich vor allem im Umgang mit Kunden, die stets freundlich und zuvorkommend behandelt werden wollen. Es ist für Arbeitsaufgaben im Dienstleistungsbereich charakteristisch, dass nicht nur die Regulation von Motorik und Kognitionen, sondern vor allem auch die Regulation von Emotionen erforderlich ist.

Erklärung

▶ Ob in der Gastronomie, im Call Center, in der Kundenberatung oder im Verkauf – stets wird von den Mitarbeitern auch in schwierigen Situationen, z.B. bei Beschwerden, Konflikten, hohem Kundenandrang etc. die Gestaltung einer positiven Kundenbeziehung erwartet, um Kundenzufriedenheit und Kundenbindung nicht zu gefährden. Das »Lächeln« gehört hier zur professionellen Berufsrolle. In kritischen Situationen wird auch erwartet, ggf. eigene negative Emotionen wie

Ärger, Gereiztheit, Erschöpfung zu verbergen und den Kunden stattdessen stets freundlich zu begegnen. In diesem Fall entsteht *emotionale Dissonanz*, die sich als Belastungsfaktor negativ auf die Gesundheit auswirken kann. ◀◀

Diese Aufgabe bzw. Anforderung, Emotionen und die Beziehung zum Kunden im Sinne der Organisation zu beeinflussen, wird auch als Emotionsarbeit bezeichnet (Zapf, Isic, Fischbach & Dormann, 2003). Eingeführt wurde der Begriff als »emotional labor« von Hochschild (1990), die Studien mit Flugbegleiterinnen durchgeführt hat. Ihr zentrales Argument ist, dass die Freundlichkeit nicht Ausdruck eines individuellen Arbeitsstils ist, sondern vom Unternehmen gefordert wird, unabhängig davon, ob dies mit den inneren Empfindungen übereinstimmt oder nicht. Zapf et al. (1999) unterscheiden in ihrem Instrument zur Erfassung von Emotionsarbeit neben der emotionalen Dissonanz weitere Bereiche der Emotionsarbeit: Ausdruck positiver Gefühle »Kommt es bei Ihrer Tätigkeit vor, dass Sie angenehme Gefühle gegenüber Kunden zum Ausdruck bringen müssen?«; Wahrnehmung von Gefühlen anderer »Ist es für Ihre Tätigkeit von Bedeutung zu wissen, wie sich Kunden momentan fühlen?«; Interaktionsspielraum »In wieweit können Sie selbst entscheiden, wann Sie ein Gespräch mit einem Kunden beenden?«.

Bei folgenden Verfahren werden nicht nur einzelne Arbeitsplätze, sondern gesamte Arbeitssysteme analysiert. Besonderes Augenmerk wird hierbei auch auf die Funktionsteilung zwischen Mensch und Technik gelegt. Damit lassen sich mithilfe dieser Verfahren auch Fragen eines optimalen Automatisierungsgrades bzw. einer effizienten Mensch-Maschine-Funktionsteilung beantworten.

MTO	Mensch Technik Organisation (Strohm, 1997)
KOMPASS	Komplementäre Analyse und Gestaltung von Produktionsaufgaben in soziotechnischen Systemen (Grote, Wäfler & Weik 1997)
KABA	Kontrastive Aufgabenanalyse (Dunckel, Volpert, Zölch, Kreutner, Pleiss & Hennes, 1993)

Die Verfahren dienen nicht nur der Analyse, sondern bieten zum Teil konkrete Empfehlungen zur Verbesserung der Arbeitsbedingungen. Einige Verfahren spielen nicht nur bei der Arbeitsgestaltung, sondern auch für die betriebliche Gesundheitsförderung (BGF) eine zentrale Rolle.

Zusammenfassung

In diesem Kapitel wurden die Gestaltungskonzepte job rotation, enlargement, enrichment und teilautonome Gruppen als neuen Formen der Arbeit erläutert. Im Anschluss wurden unterschiedliche Konzepte der Gruppenarbeit ausführlicher dargestellt. Als theoretische Basis für die Arbeitsgestaltung wurden die Grundlagen der Handlungsregulationstheorie vermittelt. Unterschieden wurden unterschiedliche Ebenen der Regulation. Abschließend wurde ein Überblick über die unterschiedlichen Ansätze der Arbeitsanalyse und Arbeitsgestaltung gegeben.

Fragen zur Selbstüberprüfung

1. Welche Strategien der Arbeitsgestaltung lassen sich unterscheiden?
2. Mit welchen Arbeitsanalyseverfahren lassen sich Regulationserfordernisse und Hindernisse erfassen?
3. Mit welchen Arbeitsanalyseverfahren lassen sich insbesondere psychische Belastungen erfassen?

4 Arbeit und Gesundheit

Inhalt
Sie lernen die Prinzipien und Strategien der betrieblichen Gesundheitsförderung sowie die Unterscheidung zwischen Belastungen und Ressourcen kennen. Im Anschluss werden Konzepte der Entstehung von Stress sowie Indikatoren psychischer Fehlbeanspruchung dargestellt. Abschließend werden zentrale empirische Befunde zum Zusammenhang von Arbeit und Gesundheit vermittelt.

4.1 Betriebliche Gesundheitsförderung (BGF)

Laut Definition der WHO (World Health Organization) von 1986 ist Gesundheit ein Zustand des vollständigen *körperlichen, geistigen und sozialen Wohlbefindens* und nicht bloß die Abwesenheit von Krankheit. Daraus lassen sich unterschiedliche Forderungen für die betriebliche Gesundheitsförderung ableiten. Bamberg, Ducki & Metz (2011) betonen, dass betriebliche Gesundheitsförderung die Aufgabe hat, positive Merkmale der Arbeit, die das Wohlbefinden und die Handlungsfähigkeit der Beschäftigten erhöhen, zu diagnostizieren und in gestalterische Konzepte zu überführen. Betont werden auch qualifikatorische Maßnahmen, die die individuelle Kompetenz erweitern, und Verhaltensänderungen, die gesundheitliche Risiken mindern.

Erklärung
► Seit 1989 sind Arbeitgeber in Deutschland durch eine *Rahmenrichtlinie* der Europäischen Union zu betrieblicher Gesundheitsförderung verpflichtet. Diese Richtlinie regelt die

»Durchführung von Maßnahmen zur Verbesserung der Sicherheit und des Gesundheitsschutzes der Arbeitnehmer bei der Arbeit«. Maßgeblich ist das *Arbeitsschutzgesetz* (ArbSchG, 1996, Fassung von 2008). Demnach muss der Arbeitgeber vor Beginn jeglicher Arbeiten und in ausreichenden Abständen die Arbeitsbedingungen bewerten, Gefährdungen minimieren und Maßnahmen zur Verbesserung durchführen. Dabei soll er sich von Experten, insbesondere einer Fachkraft für Arbeitssicherheit, einem Brandschutzbeauftragten und einem Betriebsarzt unterstützen lassen. Ausgangspunkt sind *Gefährdungsbeurteilungen* zu Arbeitsstätten, -plätzen, Arbeits- und Fertigungsverfahren, Abläufen und Arbeitszeiten. Sie dienen der Feststellung, welche Maßnahmen des Arbeitsschutzes erforderlich sind. ◀◀

Eine Diagnose der Arbeit liefert wichtige Informationen darüber, wie gut es in einer Organisation aktuell gelingt, gesundheits- und persönlichkeitsförderliche Arbeitsbedingungen für die Beschäftigten herzustellen. Die Ergebnisse dieser Diagnose liefern deutliche Ansatzpunkte für konkrete Arbeitsgestaltungsmaßnahmen, die darauf abzielen, Anforderungen und Ressourcen zu erhöhen und Belastungen zu reduzieren. Auf diese Weise können das Risiko negativer Konsequenzen für das Erleben und Verhalten der Mitarbeiter (Stress, Unzufriedenheit, Absentismus, Fehler) verringert und umgekehrt die Chance positiver Konsequenzen wie z. B. Engagement und Wohlbefinden erhöht werden.

Von einer nachhaltigen Gesundheitsförderung wird mittel- und langfristig erwartet, dass sich durch den *Abbau von Belastungen* und die *Förderungen von Ressourcen* positive Veränderungen in der allgemeinen Arbeits- und Lebenszufriedenheit, den Krankenstatistiken und der Produktivität zeigen. Mittelfristige, arbeitsbezogene Ziele betreffen eher den Anstieg von Wohlbefindensindikatoren und die Reduktion von Stresserleben und Befindensbeeinträchtigungen. Kurzfristige Ziele, die eher auf das individuelle Gesundheitsverhalten abstellen, sind beispielsweise die Verbesserung der physischen Fitness, das Ernährungsverhalten, die Gewichtskontrolle, die Rauchgewohnheiten, der Alkoholkonsum sowie Kenntnisse über das Gesundheitsverhalten.

Wesentliche *diagnostische Instrumente* im Prozess der betrieblichen Gesundheitsförderung sind kontinuierliche Gefährdungsanalysen, systematische Überprüfungen des Gesundheitsstatus (Gesundheitsaudits, Gesundheitscontrolling) und regelmäßige Gesundheitsberichtserstattung. Eine optimale Realisierung wird sich zwangsläufig in einer entsprechenden *Organisationskultur* widerspiegeln, die sich u. a. durch transparente Informationspolitik, Partizipation (Beteiligung), kooperative Führungsstrukturen und Commitment (Identifikation, Verpflichtung) gegenüber Gesundheitszielen aller Beteiligten auszeichnet. *Maßnahmen* der betrieblichen Gesundheitsförderung setzen sowohl an den Arbeitsbedingungen als auch bei den Beschäftigten selbst an (Mohr & Semmer, 2002; Zapf, 1999). Entsprechend wird bei den Maßnahmen zwischen *Verhaltens- und Verhältnisprävention* unterschieden.

Betriebliche Gesundheitsförderung betrifft alle Organisationsmitglieder und muss als langfristig angelegtes Konzept verstanden werden. Zur Initiierung, Steuerung und Koordination von betrieblichen Gesundheitsprogrammen hat sich das Konzept der *Gesundheitszirkel* als umfassendes Partizipations- und Prozessmodell etabliert, das differenzierte Analyse- und Diagnoseschritte, anschließende Maßnahmen und deren Evaluation beinhaltet (Slesina, 1996; Westermayer & Bähr, 1994). Typischerweise lassen sich folgende Phasen unterscheiden:

1. In einer *Einführungsphase* wird die Vorgehensweise abgestimmt, die Belegschaft informiert und die erforderlichen Entscheidungsstrukturen (z. B. Steuerkreis) etabliert.
2. In einer anschließenden *Assessmentphase* werden z. B. durch Mitarbeiterbefragungen, Begehungen und Interviews mögliche Gefährdungen analysiert. Hierfür eignen sich besonders einige der im vorigen Kapitel dargestellten Arbeitsanalyseverfahren wie z. B. das ISTA (Semmer et al., 1998), der COPSOQ (Nübling et al., 2005) oder das DigA (Ducki, 2000).

3. In der folgenden *Feedbackphase* werden die Ergebnisse ausgewertet und zurückgemeldet.
4. Auf dieser Grundlage werden in der *Maßnahmenplanungsphase* in Projektgruppen (Gesundheitszirkeln) Lösungen und Maßnahmen zum Abbau der Risiken entwickelt.
5. In einem weiteren Schritt, der *Realisierungsphase* werden die Maßnahmen umgesetzt. Abschließend ist der Erfolg bzw. die Wirkung zu überprüfen.

Bedenkt man die Anstrengungen und Kosten, die an betriebliche Gesundheitsprogramme geknüpft werden, gibt es wenige Evaluationsstudien, die hohen methodischen Ansprüchen gerecht werden. Vergleichsweise gut nachgewiesen ist die Wirkung individueller *Stressmanagementtrainings*. Dabei zeigt sich, dass kognitiv-behaviorale Ansätze einfachen Entspannungsmethoden überlegen sind (Busch & Bamberg, 1996; van der Klink, Blonk, Schene & van Dijk, 2001). Weniger eindeutig ist die Befundlage für Programme, bei denen Maßnahmen auf der Ebene der Arbeitsgestaltung und Organisationsveränderung ansetzen.

Fragen zur Selbstüberprüfung

1. Was sind die zentralen Strategien der betrieblichen Gesundheitsförderung?
2. Welche Phasen lassen sich bei der Implementierung von Gesundheitszirkeln unterscheiden?

4.2 Belastungen und Ressourcen

Das Erleben und Verhalten von Mitarbeitern in Organisationen wird wesentlich durch Merkmale der konkreten Arbeitssituation bestimmt. In diesem Bereich sind die Ursachen sowohl für positive als auch für negative Konsequenzen auf die Gesundheit der Mitarbeiter zu suchen. Zentral ist auch hier wieder die Arbeitstätigkeit mit ihren spezifischen Anforderungen und Belastungen, die im Wesentlichen durch den Arbeitsinhalt bestimmt ist. Aber auch Charakteristika des Arbeitsplatzes wie z. B. Umgebungsbedingungen, technische Ausstattung etc. wirken sich auf die Gesundheit aus. Diese Merkmale der Arbeit lassen sich aus handlungs- und stresstheoretischer Perspektive in Anforderungen bzw. Ressourcen auf der einen und Belastungen bzw. Stressoren auf der anderen Seite unterscheiden.

4.2.1 Modelle zu Stress am Arbeitsplatz

Stressoren entstehen aus *handlungstheoretischer Perspektive*, wenn Ziele nicht erreicht werden können, die Zielerreichung erschwert oder behindert ist und die eigenen Leistungsreserven dauerhaft überfordert werden (Leitner, 1993). Aus *stresstheoretischer Perspektive* (Greif, 1991) wird Stress allgemeiner als ein subjektiv unangenehmer Spannungszustand definiert, der aus der Befürchtung entsteht, dass eine stark aversive, zeitlich nahe (oder bereits eingetretene) und lang andauernde Situation sehr wahrscheinlich nicht vollständig kontrollierbar ist. In beiden Sichtweisen kommt eine Diskrepanz bzw. ein Ungleichgewicht zwischen Belastungen und Ressourcen zum Tragen.

Belastungen und Stress führen zu *psychischer Fehlbeanspruchung* und äußern sich in Form von psychischen Befindensbeeinträchtigungen und psychosomatischen Beschwerden als Stressreaktionen. Sie wirken sich nicht nur auf das Erleben, sondern auch auf das Verhalten aus: Das Risiko von Fehlern und Unfällen steigt, da z. B. die Konzentration, das Gedächtnis, die Aufmerksamkeit und andere Leistungsvoraussetzungen gemindert sind. Langfristig sind Absentismus, Medikamenten- und/oder Drogenmissbrauch, Fluktuation und Krankheit zu befürchten. Neben den oben genannten Perspektiven gibt es weitere Modelle zur Erklärung von Stress. Sie akzentuieren in unterschiedlichem Maße die Auslöser von Stress (Stressoren), den Entstehungsprozess (Diskrepanz) oder die Reaktion (Gereiztheit, psychosomatische Beschwerden).

Im *Belastungs-Beanspruchungsmodell* wird generell zwischen der Gesamtheit aller erfassbaren Einflüsse, die von außen auf den Menschen einwirken (Normenausschuss Ergonomie, 1987; DIN-Norm 33405), und Beanspruchungen als Auswirkungen dieser Belastungen beim Menschen unter Berücksichtigung der individuellen Voraussetzungen (Fähigkeiten, Fertigkeiten, Bedürfnisse) unterschieden (Rohmert, 1984). Entscheidend für die Wirkung der Belastungen auf den Menschen ist die Belastungsdauer und -höhe. Entsprechend wird in diesem Ansatz unter *psychischer Belastung* die Gesamtheit aller erfassbaren Einflüsse, die von außen auf den Menschen zukommen und psychisch auf ihn einwirken, verstanden. Psychische Beanspruchung ist demnach die »unmittelbare (nicht die langfristige) Auswirkung der psychischen Belastung im Individuum in Abhängigkeit von seinen jeweiligen überdauernden und augenblicklichen Voraussetzungen, einschließlich der individuellen Bewältigungsstrategien« (DIN EN ISO 10075). *Ermüdung, Monotonie und Sättigung* sind Folgen beeinträchtigender psychischer Beanspruchung.

Kritisiert wird an diesem Ansatz, dass nicht zwischen positiven und negativen Merkmalen der Arbeit unterschieden wird. Prinzipiell handelt es sich definitionsgemäß auch bei Handlungs- und Entscheidungsspielräumen bzw. hohen Regulationserfordernissen um Belastungen. Auch positives Erleben in der Arbeit wie Stolz und Befriedigung können mit diesem Modell nicht erklärt werden. Damit können auch keine positiven Gestaltungsempfehlungen abgeleitet werden. Der konsequenteste Weg des Belastungsabbaus wäre eine Reduktion der Arbeitszeit.

Während das Belastungs-Beanspruchungsmodell aus dem Bereich der physikalischen Materialprüfung entlehnt ist, steht im Modell der *unspezifischen Stressreaktion* von Selye (1981) die physiologische Perspektive im Mittelpunkt. Werden Menschen mit unerwarteten, potenziell bedrohlichen Ereignissen konfrontiert, sorgen unterschiedliche physiologische Reaktionen dafür, dass der Körper optimal auf Flucht oder Angriff vorbereitet ist (Flight-or-Fight-Syndrom). Durch Vorgänge in bestimmten Gehirnarealen (Limbisches System) und den Nebennieren werden die sogenannten Stresshormone ausgeschüttet, um eine kurzfristige Anpassung an den Stressor zu ermöglichen. Adrenalin und Noradrenalin werden vom

Nebennierenmark ausgeschüttet. Sie bewirken, dass Herzfrequenz, Blutdruck und Atmung ansteigen, die Muskulatur stärker durchblutet wird und umgekehrt die Verdauungstätigkeit eher eingeschränkt wird. Cortisol, das den Stoffwechsel fördert, aber auch die Funktion des Immunsystems herabsetzt, wird von der Nebennierenrinde freigesetzt.

Allerdings können auch positive Ereignisse diese Reaktionen hervorrufen, weswegen hier auch von einem Allgemeinen Anpassungssyndrom gesprochen wird. Je nach individueller Bewertung des Ereignisses wird zwischen *Eustress* und *Disstress* unterschieden. Für die gesundheitlichen Folgen ist es entscheidend, ob der Organismus nach einer Stresssituation genügend Zeit zur Erholung hat. Gelingt dies z. B. durch Dauerbelastung nicht, kommt es zunächst zu Befindensbeeinträchtigungen wie Lustlosigkeit, Konzentrationsstörungen, Gereiztheit und Nervosität. Im weiteren Verlauf steigt zunächst das Risiko von funktionellen Störungen (vegetative und psychosomatische Beschwerden). Langfristig ist schließlich mit somatischen Erkrankungen (organische Störungen) zu rechnen. Kritisch ist bei diesem Ansatz ist anzumerken, dass nicht erklärt werden kann, ob und warum ein Ereignis positiv oder negativ bewertet wird. Letztlich können auch positive Ereignisse Stress hervorrufen und zu gesundheitlichen Risiken führen.

Die kognitive Bewertung eines Ereignisses ist der Ausgangspunkt im *transaktionalen Stressmodell* von Lazarus und Launier (1981). In einem ersten Bewertungsschritt wird überprüft, ob eine Situation oder ein Ereignis als potenziell bedrohlich einzustufen ist (primary appraisal). In einem zweiten Schritt wird geprüft, ob zur Bewältigung der Bedrohung genügend Ressourcen und Kontrollmöglichkeiten zur Verfügung stehen (secondary appraisal). Erst wenn eine Diskrepanz bzw. ein Ungleichgewicht zwischen den Anforderungen und den zur Verfügung stehenden Ressourcen festgestellt wird, kommt es zu einer Stressreaktion. Gelingt es, den Stressor durch eigene Anpassung oder Veränderung der Situation zu bewältigen (coping), wird die Situation erneut bewertet (reappraisal).

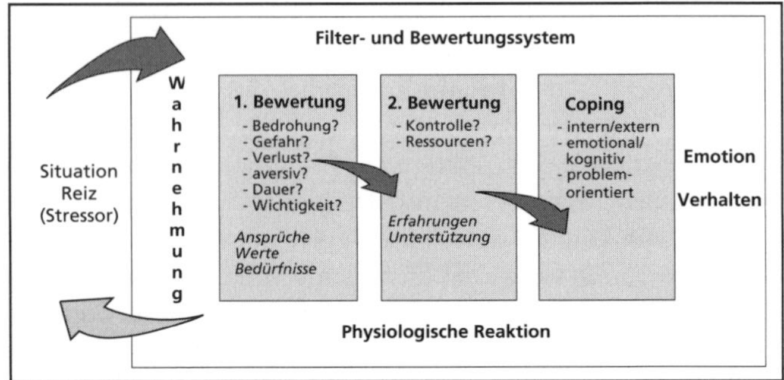

Abb. 4.1: Transaktionales Stressmodell

Die folgenden Modelle bieten unterschiedliche Erklärungen dafür, wie im Arbeitskontext stressrelevante *Diskrepanzen* entstehen können.

- Unterschiedliche, vor allem widersprüchliche Rollenerwartungen können dazu führen, dass jeweiligen Anforderungen nicht erfüllt werden. Katz und Kahn (1978) sprechen hier von *Rollenstress* und unterscheiden u. a. Inter- und Intrarollenkonflikte, die zu Rollenambiguität führen. Bei Intrarollenkonflikten handelt es sich um Konflikte innerhalb einer Rolle, wenn z. B. eine Führungskraft die Erwartungen des Vorgesetzten erfüllen soll, aber gleichzeitig auf die Bedürfnisse der Mitarbeiter Rücksicht nehmen will. Interrollenkonflikte resultieren aus schwer zu vereinbaren Anforderungen unterschiedlicher Rollen wie z. B. der Elternrolle, die Zeit für die Kinder erfordert und der Berufsrolle, die Überstunden verlangt.
- Karasek (1989) kategorisiert in seinem *Anforderungs-Kontroll-Modell* Arbeitsplätze danach, inwieweit jeweils Belastungen und Kontrollmöglichkeiten ausgeprägt sind. Problematisch ist es vor allem, wenn hohe Belastungen vorliegen, gleichzeitig aber kaum Kontrollmöglichkeiten bestehen, die Belastungen zu bewältigen. Hier zeigte sich ein erhöhtes Risiko an Herz-Kreislauf-Erkrankungen. Weniger problematisch sind Konstellationen mit hohen Belastungen, bei

denen gleichzeitig ausreichende Kontrollmöglichkeiten bestehen.

- Das *Person-Environment-Fit-Modell (P-E-Fit)* von Harrison (1978) verweist vor allem auf Diskrepanzen zwischen den Qualifikationsanforderungen, die zur Bewältigung einer Aufgabe erforderlich sind, und den vorhandenen Kompetenzen einer Person. Diskrepanzen können in diesem Modell aber auch durch Erwartungen und Bedürfnisse der Mitarbeiter an die Arbeit entstehen, denen seitens der Organisation nur unzureichende Angebote und Möglichkeiten gegenüberstehen.
- Bei dem *Effort-Reward-Imbalance-Model* von Siegrist (1996) führt die Diskrepanz zwischen hohem Arbeitsengagement mit starkem Zeitdruck und niedriger Distanzierungsfähigkeit auf der einen und niedriger Belohnungserfahrung (geringe Aufstiegsmöglichkeiten, größere Arbeitsplatzunsicherheit) auf der anderen Seite zu einer sogenannten *Gratifikationskrise*, die sich negativ auf die Gesundheit auswirkt. In einer Studie mit 314 Metallarbeitern zeigte die Risikogruppe ein mehr als sechsfach höheres Risiko koronarer Erkrankungen als Studienteilnehmer, bei denen keine Anzeichen hoher Verausgabung oder niedriger Belohnung vorlagen.

4.2.2 Stressoren und Belastungsrisiken

Stressoren sind, vergleichbar mit Risikofaktoren in der Epidemiologie, allgemein hypothetische Risikofaktoren, die mit erhöhter Wahrscheinlichkeit zu Fehlbeanspruchung führen und Stresserleben auslösen. Die hierfür verantwortlichen Diskrepanzen unterliegen »überindividuellen« Einflüssen, die dazu führen, dass Personen in ähnlichen Situationen und Kontexten zu gleichen Einschätzungen kommen.

Aus *handlungstheoretischer Perspektive* sind Stressoren Merkmale der Arbeitssituation, die die Handlungsregulation stören oder behindern. Arbeitsbedingungen, die das Erreichen des Arbeitsergebnisses behindern oder erschweren, ohne dass die Arbeitenden dieser Behinderung effizient begegnen können, werden als *Regulationsbehinderungen* bezeichnet (vgl. z. B. Leitner et al., 1987).

Zu den Regulationsbehinderungen zählen unnötige Wartezeiten, mangelnde Rückmeldung, Materialfehler, gestörte Arbeitsabläufe, unklare Arbeitsaufträge und störende Umweltbedingungen. Regulationsbehinderungen führen dazu, dass *zusätzlicher mentaler, motivationaler oder emotionaler Aufwand* betrieben werden muss, um das Arbeitsziel dennoch zu erreichen. Hierzu gehört z. B., dass bestimmte Vorgänge wiederholt werden müssen, dass erhöhte Anstrengung erforderlich wird oder *riskant gehandelt* wird und Sicherheitsvorschriften umgangen werden. Diese zusätzlichen Anstrengungen können weder vermieden oder umgangen werden, noch machen sie die Arbeit interessant und abwechslungsreich. Durch diesen zusätzlichen Regulationsaufwand kann es leicht zu Überforderungen kommen, obwohl die eigentlichen Arbeitsanforderungen ggf. gut bewältigt werden könnten. Während der Arbeit sollten möglichst wenig Regulationsbehinderungen auftreten, da die Konfrontation mit ihnen im Arbeitsprozess von der arbeitenden Person immer zusätzlichen Aufwand verlangt.

Leitner et al. (1987) unterscheiden bei den Regulationsbehinderungen Hindernisse von Überforderungen. Eine detaillierte Diagnose von Regulationsbehinderungen ermöglicht das bereits genannte RHIA-Verfahren, das für industrielle, gewerbliche Tätigkeiten (Leitner et al., 1987) und für Büro- und Verwaltungstätigkeiten angewendet werden kann (Ducki, Niedermeier, Pleiss, Lüders, Leitner, Greiner, Volpert, 1999).

- *Regulationshindernisse* sind unmittelbar mit der Aufgabe verbunden und stellen eine direkte Behinderung des Arbeitshandelns durch Erschwerungen (informatorisch, motorisch) oder Unterbrechungen (Personen, Funktionsstörungen, Blockierungen) dar.
- Bei den *Regulationsüberforderungen* handelt es sich nicht um direkte Hindernisse, die einer effizienten Aufgabenerledigung entgegenstehen, sondern um andauernde Anforderungen und Bedingungen der Leistungserbringung, die

im dauerhaften Widerspruch zu psychologischen und physiologischen Voraussetzungen und Leistungskapazitäten menschlichen Arbeitshandelns stehen. Hiermit sind aufgabenunspezifische, physikalische Umgebungsbedingungen gemeint wie Lärm, unzureichende Beleuchtung oder ungünstige klimatische Bedingungen. Auch Zeitdruck und Monotonie zählen zu dieser Gruppe von Regulationsüberforderungen.

Zeitdruck entsteht durch die Menge der zu leistenden Arbeit in einem vorgegebenen Zeitintervall und zwingt die Beschäftigten dazu, schneller zu arbeiten. Besonders kritisch wirkt sich hoher Zeitdruck aus, wenn gleichzeitig eine hohe Zeitbindung z. B. durch enge Taktzeiten oder eine hohe Kundenfrequenz vorliegt.

Monotonie bedeutet Konzentration und Daueraufmerksamkeit bei qualitativer und quantitativer Unterforderung: keine Handlungsspielräume, gleichförmige Abläufe, minimale Abwechslung, weder geistige Lösung, z. B. durch »Träumen«, noch eine aktive Auseinandersetzung sind möglich. Erlebt werden verminderte Aktivierung, Schläfrigkeit, Leistungsminderung durch verminderte Konzentration und Reaktionsfähigkeit. Dies wird durch Hitze, Dunkelheit, Bewegungseinschränkung und soziale Isolation verstärkt.

Zusätzlich zu den genannten Regulationsbehinderungen müssen weitere Regulationsprobleme berücksichtigt werden, die ebenfalls Stress und Fehlbeanspruchung auslösen können. Hierzu zählen Regulationsunsicherheit und Zielunsicherheit (Semmer, 1984).

- *Regulationsunsicherheit* tritt in Situationen auf, in denen nicht klar ist, wie das Arbeitsziel erreicht werden soll, z. B. durch unklares Feedback oder qualitative Überforderungen.
- *Zielunsicherheit* entsteht besonders in Situationen, in denen nicht klar ist, was das richtige Arbeitsziel ist, z. B. bei Ziel- oder Rollenkonflikten.

Zapf und Semmer (2004) unterscheiden neun Gruppen von Stressoren. Sie können mit Skalen aus dem ISTA (Semmer et al., 1999) bzw. mit dem DigA (Ducki, 2000) erhoben werden.

1. Aufgabenbezogene Behinderungen
   - Diskrepanzen zwischen der Aufgabe und den Ausführungsbedingungen
   - Unterbrechungen (Personen, Funktionen)
   - Informatorische/motorische Erschwerungen
   - Zieldiskrepanzen
2. Aufgabenbezogene Überforderungen
   - Zeitdruck, quantitative Überforderung
   - Schwierigkeit, zu hohe Komplexität, qualitative Überforderung
   - Unterforderung (Monotonie)
3. Ungünstige physikalische Umgebungsbedingungen
   - Lärm, Hitze, Schmutz ...
   - Einseitige Muskelbeanspruchungen (Sitzen)
4. Arbeitszeitliche Belastungen
   - Rigide oder überflexible Arbeitszeiten (Verfügbarkeit, Rufbereitschaft)
   - Nacht- und Schichtarbeit
5. Soziale Belastungen
   - Konflikte mit Kollegen und/oder Vorgesetzten
   - Mobbing
   - Rollenambiguität (Inter- und Intrarollenkonflikte)
6. Emotionale Belastungen
   - Emotionale Dissonanzen
   - Interaktionsstress
7. Körperliche Belastungen
   - Schweres Heben oder Tragen
   - Einseitige Muskelbeanspruchungen (Sitzen)
8. Organisationale Belastungen
   - Arbeitsplatzunsicherheit
   - Veränderungsprozesse
   - Gesellschaftlicher Status und Anerkennung
9. Extraorganisationale Belastungen
   - Work-Life (Familie)

4.2.3 Ressourcen

Ressourcen sind aus stresstheoretischer Sicht generell Hilfsmittel, die es erlauben, die eigenen Ziele trotz vorliegender Schwierigkeiten anzustreben, mit Belastungen besser umzugehen und unangenehme Einflüsse zu verringern (Frese, 1994). Aus handlungstheoretischer Tradition sind insbesondere Anforderungen im Sinne von Regulationschancen bzw. -möglichkeiten als Ressourcen zu bezeichnen, da sie eigene Entscheidungen und einen flexiblen Umgang mit erlauben.

Die Anforderungen können sehr einseitig und reduziert sein wie z. B. bei kurzzyklischen Tätigkeiten an einem Fließband (s. a. Kapitel 2.4.2). Damit steigen das Risiko einseitiger Belastungen und die Wahrscheinlichkeit für eine physische und psychische Fehlbeanspruchung wie z. B. Ermüdung, Sättigung und Monotonie. Bietet sich an einem Arbeitsplatz jedoch die Möglichkeit, unterschiedliche Aufgaben zu erledigen, wird diese Tätigkeit als weniger belastend und dafür als interessanter und abwechslungsreich erlebt. Durch den Gebrauch unterschiedlicher Arbeitsmittel, Kontakt zu unterschiedlichen Personen und Ortswechsel entsteht *Variabilität*.

Allerdings kann es sich hierbei noch um sehr einfache Aufgaben handeln, die kaum eigenes Planen und Entscheiden ermöglichen. Arbeitsaufgaben unterscheiden sich ganz wesentlich darin, inwieweit dem Arbeitenden oder Angestellten jeder Handgriff bzw. jeder Bearbeitungsvorgang genau vorgeschrieben ist oder ob selbständig Entscheidungen getroffen werden, wann was wie zu tun ist. Der *Handlungsspielraum* beschreibt die Möglichkeiten, eigene Entscheidungen in Bezug auf Arbeitsverfahren und Vorgehensweise, die Verwendung von Arbeitsmitteln und die zeitliche Einteilung zu treffen (s. a. Kapitel 2.4.2). Große Handlungsspielräume ermöglichen es, die Arbeit optimal einzuteilen, das konkrete Vorgehen aktuellen Erfordernissen anzupassen und Störungen rechtzeitig zu begegnen. Im Gegensatz zu einer reaktiven Strategie wird bei der Aufgabenbewältigung bei hohem Handlungsspielraum eine planende Strategie möglich (Hacker, 1998). Damit ist der Handlungsspielraum aus stresstheoretischer Sicht eine zentrale

Ressource (Karasek, 1979). Sie bedeutet ein hohes Maß an Flexibilität, mit der potenzielle Stressoren direkt vermieden werden können oder deren Wirkung abgemildert werden kann. Darüber hinaus ist ein hoher Handlungsspielraum durch die damit verbundenen Lern- und Entwicklungsmöglichkeiten förderlich für die Persönlichkeitsentwicklung (s. Kap. 3.1).

Erhöhte kognitive Anforderungen (Gedächtnis, Informationsverarbeitung, Entscheidungen), wie sie bei komplexeren Aufgaben notwendig werden, fordern und fördern auch den Erhalt und Erwerb geistiger Fähigkeiten und können in diesem Sinne als gesundheitsförderlich angesehen werden, weil hierdurch die individuellen Ressourcen entwickelt werden. Die arbeitende Person kann ihre vorhandenen Fähigkeiten einsetzen, und das Erleben eigener Handlungskompetenz wird gefördert. Erweiterte Handlungs- und Entscheidungsspielräume bei der Erledigung der Arbeitsaufgabe dürften nach Ulich (2001) das Selbstwertgefühl und damit auch das Wohlbefinden stärken. Für eine detaillierte Analyse der Regulationserfordernisse stehen die bereits erwähnten Verfahren zur Ermittlung von Regulationserfordernissen in der Arbeit (VERA) (Volpert et al., 1983; Ducki et al. 1999) bzw. das RHIA/VERA-Verfahren (Oesterreich et al., 2000) oder das REBA (Pohlandt et al., 1999) zur Verfügung.

Erholung am Feierabend, am Wochenende und im Urlaub stellt ebenfalls eine wichtige Ressource dar, um negative Beanspruchungsfolgen abzubauen bzw. zu kompensieren. Sie ist eng verbunden mit einer angemessenen *Work-Life-Balance*, d. h. einem ausgeglichen Verhältnis von Arbeit und Zeit, die nicht mit Arbeit verbracht wird, sondern für Erholung und Privates verwendet werden kann (Sonnentag & Fritz, 2010).

Insgesamt lassen sich mehrere Arten von Ressourcen unterscheiden. Beim Handlungsspielraum und der Kontrolle handelt es sich um aufgabenbezogene bzw. *situative Ressourcen*. Die soziale Unterstützung durch Kollegen und Vorgesetzte wird als *soziale Ressource* bezeichnet. Die individuellen fachlichen und überfachlichen Kompetenzen, aber auch Selbstwirksamkeitsüberzeugungen und Selbstbewusstsein bilden die

Gruppe der *personalen Ressourcen*. Erholung und Work-Life-Balance sind Ressourcen, die das Gewicht der Arbeit im Gesamtlebenskontext ausbalancieren können. Ressourcen und persönlichkeitsförderliche Anforderungen führen zu Zufriedenheit, Engagement und Kompetenzentwicklung.

4.2.4 Indikatoren psychischer Fehlbeanspruchung

Es wird zwischen unterschiedlichen Formen negativer psychischer Konsequenzen bzw. Befindensbeeinträchtigungen unterschieden. Die wichtigsten Formen sind im Folgenden kurz skizziert:

- *Monotonie* liegt vor, wenn Konzentration und Daueraufmerksamkeit bei qualitativer und quantitativer Unterforderung aufrechterhalten werden müssen. Dabei gibt es keine Handlungsspielräume. Die Abläufe sind gleichförmig und bieten nur minimale Abwechslung. Ablenkung oder eine geistige Ablösung (z. B. »Träumen«) ist nicht möglich (Plath & Richter, 1984; Richter & Hacker, 1997).
- *Psychische Ermüdung* wird als verminderte Aktivierung, Schläfrigkeit und Leistungsminderung durch verminderte Konzentration und Reaktionsfähigkeit erlebt. Das Risiko steigt bei hohen Raumtemperaturen, Dunkelheit, Bewegungseinschränkung und sozialer Isolation (Plath & Richter, 1984).
- *Psychische Sättigung* entsteht bei emotional negativer Bewertung der Tätigkeit. Sie wird als unlustbetonte Spannung erlebt, und es besteht Widerwillen gegenüber der Fortsetzung der Tätigkeit (Plath & Richter, 1984).
- *Burn-out* bezeichnet ein psychisches Erschöpfungssyndrom, das ursprünglich vor allem als Reaktion auf Überforderungen, Fehlbeanspruchungen und Stress in sozialen, helfenden und pädagogischen Berufen gesehen wurde, bei denen der Umgang mit Patienten, Klienten oder Schülern im Mittelpunkt steht (Maslach & Jackson, 1981, 1984). Durch die intensive, überfordernde Arbeit mit Menschen (Kommunizieren, Einfühlen, Helfen, sich selber als Person einbringen) können *emotionale Erschöpfungszustände* ent-

stehen, die als Gefühle des »Ausgebrannt«-Seins erlebt werden. Eine Form der Bewältigung besteht darin, sich von den Patienten, Klienten oder Schülern emotional zu distanzieren, um sich selber vor der Überlastung als »Helfer« zu schützen. Diese emotionale Distanzierung wird auch als *Depersonalisierung* bezeichnet und kann auch mit Gleichgültigkeit oder sogar Zynismus einhergehen. Das andauernde Erleben von Überforderung geht in der Regel auch mit dem Erleben von *Unwirksamkeit* und Kontrollverlust einher. Damit weist Burn-out Ähnlichkeiten mit der Depression auf und wird auch als »milde« oder kurze Form der Depression betrachtet.

Neben unzureichenden Arbeitsbedingungen (Überlastung, mangelnde soziale Unterstützung, fehlende Ressourcen i. w. S.), fördern Persönlichkeitsmerkmale der Betroffenen das Burn-out-Risiko. Hierzu gehören hohe Erwartungen, Idealismus, Selbstlosigkeit und eine besonders starke Motivation zu Helfen (Helfer-Syndrom) (Pines, Aronson & Kafry, 2000). Mittlerweile wird das Burn-out-Phänomen nicht mehr ausschließlich auf soziale Berufe begrenzt, sondern auch im Kontext anderer Berufsfelder diskutiert (Maslach, Schaufeli & Leiter, 2001). Die Messung erfolgt mit dem MBI (Maslach & Jackson, 1984). Derzeit ist ein erheblicher Anstieg von Burn-out-Diagnosen festzustellen.

- *Gereiztheit/Belastetheit* bezeichnet einen psychischen Erschöpfungszustand, der in den üblichen Erholungszeiten wie Pausen, Feierabend, Wochenende nicht abgebaut werden kann (Mohr, 1986). Neben der Gereiztheit, die sich vor allem in reduzierter Kontrolle und Regulation insbesondere negativer Emotionen manifestiert, wird auch der Aspekt der Belastetheit als unspezifisches Überforderungserleben erfasst. Neuerdings wird die hierzu von Mohr (1986) entwickelte Skala auch als »Irritation« bezeichnet (Mohr & Rigotti, 2003; Mohr, Rigotti & Müller, 2005).

  Der Zustand der Irritation lässt sich zwischen psychischer Ermüdung und psychischer Erkrankung einordnen. Es handelt sich um psychische Ermüdung, weil Ermüdung ein Zustand ist, der durch ausreichende Ruhepausen wieder abgebaut werden kann (vgl. Hacker & Richter, 1980). Da noch keine Chronifizierung aufgetreten sein muss, kann noch nicht von einer psychischen Erkrankung gesprochen werden. Allerdings bestehen erhebliche Risiken, dass Irritation zu weiteren Beeinträchtigungen führt (depressive Reaktion und Angstsymptome) (Mohr, 1991). Irritation erlaubt also schon frühzeitig eine Diagnose gesundheitlicher Risiken, bevor es zu manifesten psychischen oder psychosomatischen Erkrankungen kommt.

- Unter *psychosomatischen Beschwerden* versteht man körperliche Beschwerden bzw. Krankheiten, zu deren Entstehung auch psychische Prozesse beigetragen haben. Hierzu zählen Magen-Darmbeschwerden, Muskel- und Skeletterkrankungen, Kreislauferkrankungen sowie Atemwegserkrankungen.
  Verursacht werden diese Krankheiten und Beschwerden durch ein Wechselspiel physischer und psychischer Faktoren. So wird das Risiko von Atemwegserkrankungen z. B. durch ungünstige Umgebungsbedingungen wie Kälte, Zugluft oder Schadstoffbelastung steigen. Diese Belastungen führen aber eher zu manifesten Krankheiten, wenn das Immunsystem durch Stress geschwächt ist. Ärger, Zeitdruck und Unsicherheit hingegen erhöhen direkt das Risiko von Kreislauferkrankungen (Karasek, 1979; Siegrist, 1996). Mohr (1986) ordnet die genannten Beschwerdebereiche aufgrund ihrer psychosomatischen Ätiologie den psychosomatischen Beschwerden zu. In Anlehnung an die Freiburger Beschwerdeliste (Fahrenberg, 1975) und eine Skala zu psychosomatischen Beschwerden von Mohr (1986) enthält das DigaA-Verfahren (Ducki, 2000) Skalen zur Erfassung von (psycho-)somatischen Beschwerden und psychischer Erschöpfung.
- Ein *Posttraumatisches Belastungssyndrom (PTBS)* kann als Reaktion auf eine extreme psychische Traumatisierung entstehen. Von einem PTBS wird gesprochen, wenn die traumatisierenden Erlebnisse auch nach einem längeren Zeitraum nicht bewältigt werden können und die Arbeitsfähigkeit bzw. Lebensführung eingeschränkt ist. Zu den

Symptomen zählen immer wiederkehrende intensive Erinnerungen (Flashbacks), Alpträume, Schlafstörungen, Konzentrationsstörungen, emotionale Labilität, Schuldgefühle, Vermeidung von Reizen, die an das belastende Ereignis erinnern, und sozialer Rückzug (zur Diagnose siehe auch ICD-10 (FF 43.1) bzw. DSM IV).

Gefährdet sind Personen, die unter extremen Umständen wie z. B. bei Unfällen, Katastrophen, Gewaltverbrechen und Kriegsereignissen mit Tod und schweren Verletzungen konfrontiert wurden. Hierzu zählen u. a. Katastrophenhelfer, Einsatzkräfte von Rettungsdiensten, Polizisten und Soldaten. So ist die Zahl der PTBS-Diagnosen bei Bundeswehrsoldaten im Zuge der Auslandseinsätze erheblich angestiegen. Durch die Schwere der Ereignisse erleben die Betroffenen extreme Hilflosigkeit, Sinnlosigkeit und eine Erschütterung ihres Selbstbildes.

Der *Work Ability Index (WAI)* erfasst die persönliche Einschätzung der eigenen Arbeitsfähigkeit bzw. dient der Ermittlung derjenigen Arbeitnehmer/innen, die arbeitsmedizinische Betreuung benötigen (Tuomi, Ilmarinen, Jahkola, Katajarinne & Tulkki, 2003). Der Index betrifft die allgemeine Arbeitsfähigkeit und zeigt eine hohe Prognosekraft für spätere Frühverrentungen: ca. 2/3 der Beschäftigten in der Gruppe mit einem schlechten WAI-Index wurde eine Berufsunfähigkeitsrente während eines 11-jährigen Folgezeitraums bewilligt. Der WAI basiert auf sieben Dimensionen der Arbeitsfähigkeit:

1. Derzeitige Arbeitsfähigkeit im Vergleich zu der besten je erreichten Arbeitsfähigkeit,
2. Arbeitsfähigkeit in Relation zu den Anforderungen der Arbeitstätigkeit,
3. Anzahl der aktuell vom Arzt diagnostizierten Krankheiten,
4. Geschätzte Beeinträchtigung der Arbeitsleistung durch die Krankheiten,
5. Krankenstandstage im vergangenen Jahr,
6. Einschätzung der eigenen Arbeitsfähigkeit in 2 Jahren und
7. Psychische Leistungsreserven.

Der WAI sagt nichts über die Qualität der Arbeitsbedingungen und die Schwere der Belastungen aus! Eine WAI-Ermittlung sollte immer mit einer Analyse der Belastungen und Ressourcen kombiniert werden.

Fragen zur Selbstüberprüfung

1. Wie lassen sich physikalische, physiologische und psychologische Stressmodelle voneinander abgrenzen?
2. Wie unterscheiden sich Ermüdung, Monotonie und Sättigung?
3. Welche Modelle gibt es, um ein Ungleichgewicht zwischen den Anforderungen und den zur Verfügung stehenden Ressourcen zu erklären?
4. Welche konkreten Beispiele für Stressoren und Regulationsbehinderungen lassen sich benennen?
5. Welche Formen von Ressourcen lassen sich unterscheiden?
6. Wie unterscheiden sich Burn-out, Irritation und PTBS?

4.3 Zusammenhänge zwischen Arbeit und Gesundheit

4.3.1 Ressourcen

Zahlreiche Untersuchungen belegen die Bedeutung der Arbeitsbedingungen und vor allem der Aufgabenmerkmale für die Gesundheit der Mitarbeiter. Nach einer Meta-Analyse von Fried und Ferris (1987) korrelieren *Variabilität* (Anforderungsvielfalt) und *Autonomie* (Handlungs- und Entscheidungsspielraum) durchgängig positiv mit Arbeitszufriedenheit und negativ mit Absentismus. Positive Zusammenhänge zwischen Handlungsspielraum und psychischer Gesundheit belegen auch die Meta-Analysen von Lee und Ashforth (1996). In einer Studie von Holman & Wall (2002) konnte die Wirkrichtung von Handlungsspielraum im Längsschnitt bestätigt werden. Damit kann gezeigt werden, dass sich der Handlungsspielraum als Ressource tatsächlich positiv auf die Gesundheit auswirkt, wohingegen geringer Handlungsspielraum die gesundheitlichen Risiken erhöht.

Im Rahmen einer europäischen Vergleichsstudie fanden Six & Felfe (2006) für die deutsche Substichprobe Zusammenhänge zwischen *Arbeitszufriedenheit* und psychischem Stress und somatischen Beschwerden von jeweils r = .21. Je höher die Arbeitszufriedenheit ausgeprägt war, umso geringer waren die Anzeichen für Stress und Beschwerden. Mein, Martikainen, Stansfeld, Brunner, Fuhrer und Marmot (2000) konnten in einer Längsschnittstudie (Whitehall II) mit über 2500 Angestellten im öffentlichen Dienst zeigen, dass der Anteil der Frühpensionierungen in der Gruppe der Arbeitsunzufriedenen doppelt so hoch ausfiel wie bei der Gruppe der Arbeitszufriedenen. Der hohe Einfluss der Arbeitszufriedenheit blieb auch bestehen, wenn andere Faktoren wie z. B. die wahrgenommene Gesundheit oder der Beschäftigungsstatus kontrolliert wurden. In zwei aktuellen Studien von Wright und Cropanzo (2000) werden Korrelationen von r = .10 bis.35 für den Zusammenhang von Arbeitszufriedenheit und psychologischem Wohlbefinden berichtet. In einer Studie mit 344 Beschäftigten fanden von Eckardstein, Lueger, Niedl und Schuster (1995) negative Zusammenhänge zwischen Arbeitszufriedenheit und Depressivität (r = –.30), Gereiztheit (r = –.28) und psychosomatischen Beschwerden (r = –.28).

Für die Bedeutung *sozialer Unterstützung* gibt es ebenfalls empirische Belege. Viswesvaran, Sanchez und Fischer (1999) zeigten in einer Meta-Analyse negative Zusammenhänge zwischen sozialer Unterstützung und Burn-out (–.28) und Traurigkeit/Verstimmtheit (–.34). Positiv erlebte *Führung* mindert ebenfalls das Risiko psychischer Belastung bzw. negativ erlebte Führung stellt ein beträchtliches Gesundheitsrisiko dar. Transformationale Führung korreliert zu –.52 bzw. –.46 mit Burnout (Seltzer, Numerof & Bass, 1989). Podsakoff, MacKenzie und Bommer (1996) fanden negative Korrelationen zwischen transformationaler Führung und dem Ausmaß erlebter Rollenkonflikte als Risikofaktor (r = –.03 bis r = –.45). Transformationale Führung korreliert ebenfalls mit Gereiztheit (r = –.18 bis r = –.30) (Felfe, 2006).

4.3.2 Stressoren

Umgekehrt gehen *Zeitdruck*, Unterbrechungen und Risiko (Unsicherheit) mit höherer Gereiztheit und psychosomatischen Beschwerden einher. Zeitdruck und Zusatzaufwand, der aus Behinderungen resultiert, korrelieren in Produktionsstichproben mit psychosomatischen Beschwerden (.20) und Gereiztheit (.27). Bei Büro- und Verwaltungstätigkeiten liegen die Zusammenhänge mit (.37) bzw. (.32) noch höher (Leitner et al., 1987; Leitner, 1993).

Emotionale Belastungen entstehen in interaktiver, personenbezogener Arbeit, wenn Gefuhle gezeigt werden müssen, die nicht vorhanden sind, und vorhandene Gefühle wie z. B. Ärger unterdrückt werden müssen. Zapf (1999) berichtet von Zusammenhängen zwischen *emotionaler Dissonanz* und emotionaler Erschöpfung (r = .33 bis r = .48), Depersonalisation (r = .31 bis r = .40) und psychosomatischen Beschwerden (r = 35 evtl. bis r = .40). Konkurrenzerleben als sozialer Stressor korreliert ebenfalls mit Gereiztheit, Belastetheit und Beschwerden (r = –.24 bis r = –.37) (Felfe & Liepmann, 2008).

Schließlich wirkt sich der Verlust bzw. bereits der drohende Verlust des Arbeitsplatzes negativ auf die Gesundheit der Betroffenen aus, wie bereits in der »Marienthal-Studie« von Jahoda, Lazarsfeld und Zeisel (1933) nachgewiesen wurde. In Querschnittsuntersuchungen zeigen Erwerbslose im Vergleich zu Erwerbstätigen höhere Depressivität und geringeres Selbstwertgefühl (Feather, 1982) sowie höhere Ängstlichkeit und schlechtere Stimmung (Shamir, 1986). Längsschnittuntersuchungen zeigen, dass der Erwerbstatus die psychische Gesundheit beeinflusst und nicht umgekehrt (Murphy & Athanasou, 1999). Beim Wechsel des Erwerbsstatus zeigen sich signifikante Veränderungen der psychischen Gesundheit. So verschlechtert sich die Gesundheit mit Eintritt der Erwerbslosigkeit und verbessert sich wieder nach Beendigung der Phase der Arbeitslosigkeit. Paul und Moser (2009) haben in einer Metanalyse mit 237 Querschnittstudien und 87 Längsschnittstudien ebenfalls gezeigt, dass der Gesundheitsstatus von Arbeitslosen schlechter ist als in erwerbstätigen Vergleichsgruppen. Die mittlere Effektstärke liegt bei d = 0,51. In der Gruppe der Erwerbslosen betrug der durchschnittliche Anteil der Personen mit psychischen Problemen 34 %. Bei den Erwerbstätigen lag der Anteil bei lediglich 16 %. Moderatoranalysen zeigten, dass die negativen Effekte bei Männern und bei gewerblichen Mitarbeitern stärker waren als bei Frauen bzw. als bei Angestellten.

4.3.3 Methodische Probleme

Grundsätzlich besteht die Gefahr, dass Zusammenhänge zwischen Arbeit und Gesundheit nicht entdeckt oder zumindest unterschätzt werden. Ein Beispiel hierfür ist der *Healthy-worker-Effekt* (nur die gesunden Mitarbeiter verbleiben im Unternehmen). Am Beispiel der gesundheitlichen Folgen von Schichtarbeit konnte gezeigt werden, dass Selektionsprozesse zu einer Unterschätzung von Effekten führen. Die Zusammenhänge wurden besonders offensichtlich, wenn die überwiegend aus Krankheitsgründen bereits ausgeschiedenen Mitarbeiter in die Analysen mit einbezogen wurden (Garst, Frese & Molenaar, 2000).

Das Risiko der Unterschätzung besteht ebenfalls, wenn die eingesetzten Messinstrumente nur *wenig zuverlässig* (reliabel) sind. Durch den hohen Fehleranteil bei der Messung wird verhindert, dass ausreichend wahre Unterschiede zueinander in Beziehung gesetzt werden. Aus diesem Grund sollten platzsparende und damit ökonomischer einsetzbare Einzel-Item-Messungen nur in begrenztem Umfang eingesetzt werden, da hier eine Kontrolle der Reliabilität nicht möglich ist (Felfe & Liepmann, 2008).

Neben den Risiken einer Unterschätzung besteht auch die Gefahr einer *Überschätzung* von Zusammenhängen (Artefakte). Das kann der Fall sein, wenn die Einschätzungen unterschiedlicher Merkmale aus der *gleichen Quelle* kommen (Single-source bias). Werden zwei Merkmale nicht nur von der gleichen

Person, sondern auch noch mit dem *gleichen Fragebogeninstrument* gemessen, besteht die Gefahr gemeinsamer Methodenvarianz (Common-method bias). Einen ähnlichen Effekt können auch Persönlichkeitsmerkmale wie Positive Affektivität oder Optimismus haben, die als *Drittvariable* die Einschätzung der Untersuchungsvariablen gleichermaßen beeinflussen. Zahlreiche Studien haben jedoch gezeigt, dass die Zusammenhänge der fraglichen Merkmale zwar zum Teil abnehmen, aber dennoch bestehen bleiben, wenn diese Drittvariablen kontrolliert werden (Spector, Chen & O'Connell, 2000).

Eine Möglichkeit, diesen Risiken zu begegnen, besteht darin, unterschiedliche und damit objektivere Quellen wie z. B. Kollegen, Vorgesetzte, Experten etc. zu nutzen. Tatsächlich führen *unabhängige Messungen* zu geringeren, aber nicht strukturell anderen Befunden (Spector & Jex, 1991; Semmer, Zapf & Greif, 1996: Semmer, Zapf & Dunckel, 1999).

Die als vermeintliche Lösung von »single-source«- oder »single-method«-Messproblemen herangezogenen, unabhängigen und objektiven Quellen müssen übrigens nicht unbedingt valider sein. Auch Einschätzungen von Kollegen und Vorgesetzten sind fehlerbehaftet und weichen durch eine externe Perspektive systematisch von einer Innenperspektive ab. Grundsätzlich sind die Übereinstimmungen von Selbst- und Fremdurteilen eher als moderat zu bezeichnen (Atwater & Brett, 2005; Harris & Schaubroek, 1988; Mabe & West, 1982). Damit wird die Gefahr der *Überschätzung* durch eine Zunahme des Risikos der *Unterschätzung* »geheilt«. Die Sorge um die Vermeidung von Fehlern 1. Art (d. h. vermeintliche Effekte werden irrtümlich akzeptiert), wird durch das Risiko vernachlässigt, Effekte zu übersehen (Fehler 2. Art) (s. Felfe & Liepmann, 2008).

Wenn Korrelationen zwischen querschnittlich erhobenen Merkmalen im Sinne *kausaler Beziehungen* interpretiert werden sollen, ist Vorsicht geboten. In den meisten Fällen lassen sich alternative Erklärungen finden, wie am Beispiel der *Drift-Hypothese* deutlich wird. Sie besagt, dass nicht die Arbeitsbedingungen für den Gesundheitsstatus verantwortlich sind, sondern dass Personen mit ungünstigem Gesundheitsstatus in

Arbeitsplätze mit ungünstigeren Bedingungen geraten (abdriften), während gesunde Personen ihre Arbeitsbedingungen durch Wechsel verbessern können. Die tatsächlichen Wirkrichtungen lassen sich nur in längsschnittlichen Analysen nachweisen.

Ein Beispiel für den Nachweis der Wirkung der Arbeitsbedingungen auf die Gesundheit mittels *Längsschnittdesign* (Cross lagged panel design) ist z. B. die Studie von Leitner & Resch (2005) mit N=222 Büroangestellten. Sie konnten zeigen, dass die Einflüsse von den Arbeitsbedingungen auf die Gesundheit stärker ausfielen als in der umgekehrten Richtung. Gerade bei Längsschnittstudien stellt sich zusätzlich die Frage nach geeigneten Zeitintervallen. Zu kurze Intervalle unterschätzen die Zusammenhänge, da sich die Effekte erst später zeigen. Zu langfristige Intervalle können ebenfalls zu einer Unterschätzung führen, da sich einzelne Ursachen sich in einem multikausalen Bedingungsgefüge kaum noch nachweisen lassen. Ein zu später Messbeginn birgt die Gefahr, dass die Beschwerden bereits vorliegen und Veränderungen nicht mehr festgestellt werden können.

Bisweilen wird die Bedeutung von Zusammenhängen aufgrund geringer Korrelationen angezweifelt, selbst wenn diese signifikant sind. Allerdings können bereits Korrelationen zwischen Belastungsfaktoren und Gesundheitsbeeinträchtigungen um .30 bereits ein vielfaches Risiko für bestimmte Gruppen bedeuten. Das wird deutlich, wenn nicht nur Korrelationen, sondern *Risiko- oder Auftretenswahrscheinlichkeiten* für unterschiedliche Gruppen betrachtet werden (s. Felfe & Liepmann, 2008). Wie in **Abbildung 4.2** deutlich wird, ist das Risiko starker körperlicher Beschwerden um ein Vielfaches höher (Faktor 4: 44,7 % gegenüber 10,6 %), wenn die Umgebungsbedingungen am Arbeitsplatz (Lärm, Beleuchtung, Temperatur etc.) sehr ungünstig sind.

In der Epidemiologie werden folgende Begriffe verwendet, um Gesundheitsrisiken einzuschätzen. Der Anteil der in einer Population Erkrankten wird als Prävalenz(rate) bezeichnet. Die Inzidenz(rate) gibt den Anteil der Neuerkrankungen wider. Das Risiko kann als Risikoverhältnis (risk ratio) und als Chancenverhältnis (odds ratio) abgebildet werden (s. **Abb. 4.3**). Beim Risikoverhältnis (risk ratio) wird das Verhältnis der Erkrankten in der Gruppe derer, die einer Risikobedingung ausgesetzt sind, durch das Verhältnis der Erkrankten in der Gruppe ohne Risikobedingung geteilt. Das Chancenverhältnis (odds ratio) berechnet sich aus dem Anteil der Erkrankten, die einem Risiko ausgesetzt waren, an der Zahl der Erkrankten ohne Risikobedingung. Dieses Verhältnis wird durch den Anteil der Gesunden, die einem Risiko ausgesetzt waren, an der Anzahl der Gesunden geteilt.

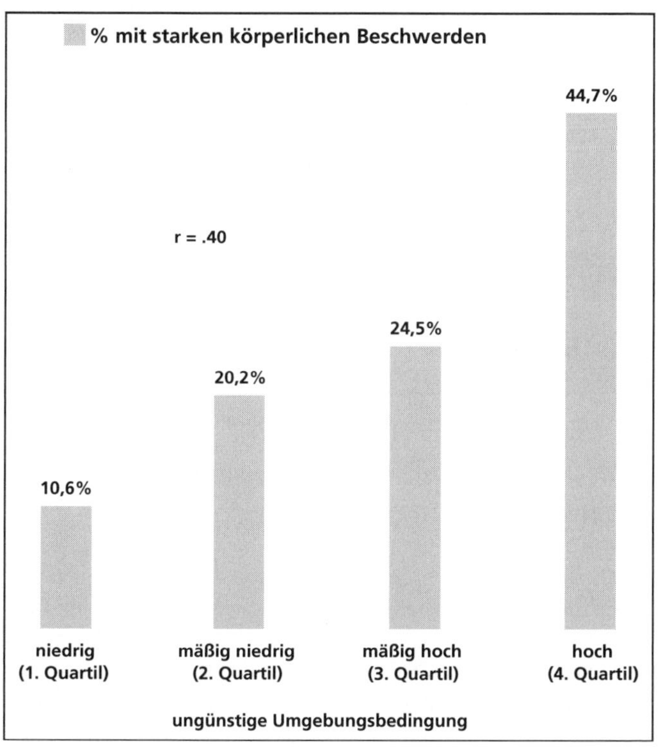

Abb. 4.2: Umgebungsbedingungen und Beschwerden

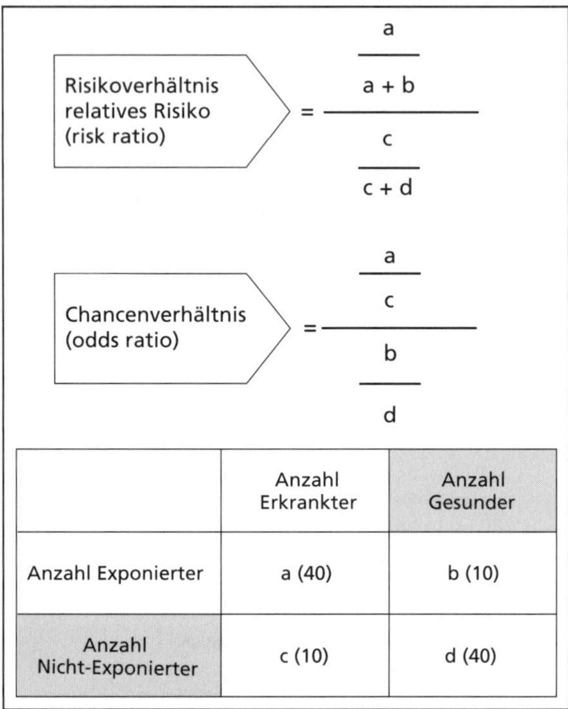

	Anzahl Erkrankter	Anzahl Gesunder
Anzahl Exponierter	a (40)	b (10)
Anzahl Nicht-Exponierter	c (10)	d (40)

Abb. 4.3: Arbeitsbedingungen und Gesundheit

Zusammenfassung

In diesem Kapitel wurden die Prinzipien und Strategien der betrieblichen Gesundheitsförderung sowie die Unterscheidung zwischen Belastungen und Ressourcen erläutert. Im Anschluss wurden Konzepte der Entstehung von Stress sowie Indikatoren psychischer Fehlbeanspruchung dargestellt. Abschließend wurden zentrale empirische Befunde zum Zusammenhang von Arbeit und Gesundheit vermittelt.

Fragen zur Selbstüberprüfung

1. Für welche Ressourcen und Stressoren sind bedeutsame Zusammenhänge zur Gesundheit nachgewiesen?
2. Wodurch kann es zu einer Über- bzw. Unterschätzung der wahren Zusammenhänge zwischen Arbeit und Gesundheit kommen?
3. Sind die Arbeitsbedingungen für den Gesundheitsstatus verantwortlich oder geraten Personen mit ungünstigem Gesundheitsstatus in Arbeitsplätze mit ungünstigeren Bedingungen?

5 Leistung, Motivation und Zufriedenheit

Inhalt
In Kapitel 1.2.1 wurde der soziotechnische Systemansatz vorgestellt, der die Arbeitsaufgabe in den Mittelpunkt stellt und die Technik, das Individuum, die Interaktion und die Organisation als unterschiedliche Perspektiven unterscheidet (s. **Abb. 1.1**). In Anlehnung an diese Systematik werden in den folgenden Kapiteln die individuellen Leistungsvoraussetzungen näher betrachtet. Dabei geht es zum Beispiel darum, wie sich Merkmale des Individuums (Einstellungen, Motive, Qualifikationen) auf die Arbeit (Leistung, Engagement, Qualität) und die Einstellungen zur Organisation (Bindung, Loyalität) auswirken.

5.1 Arbeitsleistung

Mit Blick auf die Leistung lassen sich, einem einfachen Modell in Anlehnung an Bühler und Siegert (1999) folgend, drei wesentliche Faktoren, von denen die Leistung der Mitarbeiter abhängt, unterscheiden (s. **Abb. 5.1**).

1. Die erste Voraussetzung ist, dass die Mitarbeiter über die Kenntnisse und Fertigkeiten (*Können*) verfügen, die zur erfolgreichen Aufgabenbewältigung erforderlich sind. Mittlerweile spricht man hier von *Handlungskompetenz*, die neben fachlichen Kompetenzen vor allem auch überfachliche Qualifikationen beinhaltet (Sozialkompetenz, Methodenkompetenz, personale Kompetenz).
2. Als zweite Voraussetzung müssen die Mitarbeiter bereit sein, sich zu engagieren und Leistung zu erbringen. Damit sind die motivationalen und volitionalen Grundlagen des Handelns angesprochen (*Wollen*). Zur *Motivation* gehören

auch klare Vorstellungen darüber, wie welche Ziele erreicht werden sollen.

3. Als dritte Voraussetzung für selbständiges, eigenverantwortliches Handeln müssen die Mitarbeiter über entsprechende *Handlungs- und Entscheidungsspielräume* verfügen (*Dürfen*). Wie bereits gezeigt wurde, ist es eine wichtige Aufgabe von Führungskräften und der Organisation, Aufgaben mit entsprechenden Entscheidungskompetenzen zu gestalten.

Beim Begriff der Leistung ist eine differenzierte Betrachtung erforderlich. Physikalisch betrachtet ergibt sich die *Leistung* aus dem Verhältnis aus verrichteter Arbeit oder der dafür aufgewendeten Energie und der dazu benötigten Zeit. Leistung in der Arbeit zeigt sich zum einen als *Verhalten* bzw. Input und zum anderen als *Ergebnis* bzw. Output. Aus der Verhaltensperspektive ist Leistung das, was jemand in der Arbeit tut und was im Prozess der Arbeit sichtbar wird. Bei der Ergebnisperspektive steht die Bewertung der Resultate des Tuns im Vordergrund. Während bei der einen Betrachtung Mühe, Anstrengung und Einsatz berücksichtigt werden, geht es bei der der ergebnisorientierten Betrachtung lediglich um das Resultat (Campbell, McCloy, Oppler & Sager, 1993). Diese Unterscheidung ist für die Bewertung von Arbeitsleistung zum Beispiel bei der *Leistungsbeurteilung* von Bedeutung. Hier wird ebenfalls zwischen Verhaltenskriterien (Durchführung qualifizierte Beratungsgespräche) auf der einen und Ergebniskriterien auf der anderen Seite unterschieden (Verkaufszahlen).

Darüber hinaus ist mit Blick auf die Erreichung von Zielen zwischen Effektivität und Effizienz zu unterscheiden. Die *Effektivität* einer Leistung hängt davon ab, inwieweit sie zur Erreichung eines Ziels beiträgt. So kann es durchaus sein, dass trotz erheblicher Leistungsanstrengung ein Ziel nicht erreicht wird. Wird das Ziel hingegen erreicht, ist die Leistung effektiv, unabhängig davon, wie sich das Verhältnis von Aufwand und Nutzen darstellt. Um dieses Verhältnis von Input zu Output zu bewerten, kommt das Kriterium der *Effizienz* ins Spiel (Pritchard, 1992). Effektivität ist damit eine notwendige Voraussetzung von Effizienz.

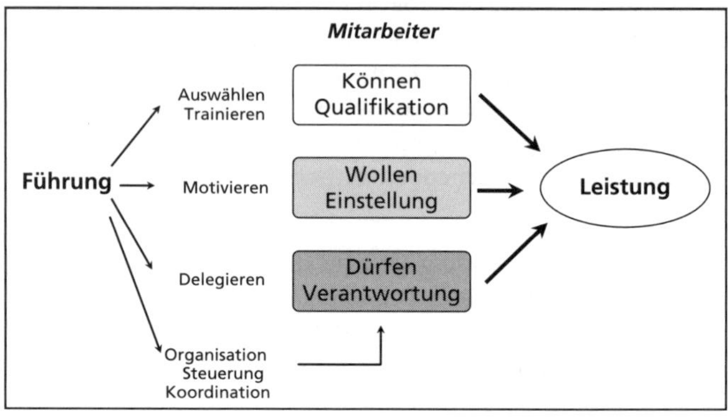

Abb. 5.1: Leistung und Leistungsvoraussetzungen

Welches Leistungsverhalten ist nun für den Unternehmenserfolg effektiv? Unterschieden wird hier zwischen In-role- und Extra-role-Verhalten. Unter *In-role-Verhalten* werden die Leistungen verstanden, die explizit von den Beschäftigten erwartet und verlangt werden. Diese Verhaltensweisen und Ergebnisse sind meist im Arbeitsvertrag geregelt oder in Stellen- bzw. Aufgabenbeschreibungen ausdrücklich formuliert. Hierzu zählen beispielsweise der Verkauf oder der Einkauf von Produkten, die Bedienung von Kunden, Sachbearbeitung, die Montage von Teilen, der Transport von Gegenständen etc. Um langfristig effizient und erfolgreich zu sein, sind Wirtschaftsunternehmen ebenso wie öffentliche Organisationen jedoch darauf angewiesen, dass sich ihre Mitarbeiter über das Geforderte hinaus engagieren.

Das bedeutet, dass Mitarbeiter selbständig und eigenverantwortlich im Sinne des Unternehmens die Initiative ergreifen. Durch zunehmenden organisationalen Wandel (Umstrukturierungen, Dezentralisierungen etc.) steigt die Bedeutung von Extra-Rollenverhalten für den Erfolg. Weil dieses Verhalten über das offiziell Vereinbarte hinausgeht, wurde hierfür der Begriff des »*Extra-Rollenverhaltens*« geprägt. Hierzu zählen

u. a. die freiwillige Unterstützung anderer Organisationsmitglieder, das Einbringen von Verbesserungsvorschlägen, die eigene Weiterbildung sowie loyales Auftreten gegenüber Außenstehenden (Katz & Kahn, 1966). »Extra-Rollenverhalten« erfordert die besondere Initiative und Einsatzbereitschaft des Mitarbeiters, da es in den gängigen Lohn- und Anreizsystemen unberücksichtigt bleibt und sich der Steuerung und Kontrolle durch die Organisation weitgehend entzieht.

Die Erforschung derartiger Verhaltensweisen ist theoretisch und praktisch relevant und hat in den letzten Jahren zugenommen. Mit »Extra-Rollenverhalten« steht auch ein alternativer Leistungsindikator zur Verfügung, der über klassische Leistungsmaße wie Verkaufs- oder Produktionszahlen, Fehlzeiten etc. hinausgeht. Die wichtigsten Konzepte sind im Folgenden unter der Überschrift »Besonderes Arbeitsengagement« dargestellt (für einen Überblick s. a.: Felfe, 2007; Wesche & Munk, 2010). Im Mittelpunkt steht jeweils die Frage, um welche konkreten Verhaltensweisen es sich handelt und wie sie gefördert werden können.

5.2 Besonderes Arbeitsengagement

In der Literatur finden sich mittlerweile mehrere, zum Teil überlappende Konzepte, die den Gedanken des »Extra role behavior« aufgreifen: Organizational Citizenship Behavior – OCB (Organ, 1988), Contextual Performance – CP (Motowidlo, 2000), Personal Initiative – PI (Frese, Fay, Hilburger, Leng & Tag, 1997), und Proactive Personality (Bateman & Crant, 1993). Im Folgenden werden OCB, CP und PI als die wichtigsten Konzepte in diesem Bereich vorgestellt und zentrale Forschungsergebnisse berichtet.

5.2.1 OCB, CP und PI

Vor allem das Konzept *Organizational Citizenship Behavior – OCB* (Organ, 1988) hat eine prominente Stellung erworben: »OCB represents individual behavior that is discretionary, not directly or explicitly recognized by the formal reward system, and in the aggregate promotes the effective functioning of the organization« (Organ, 1988, p. 4). Es umfasst fünf Aspekte:

1. Altruism (freiwillige Unterstützung von Kollegen),
2. Conscientiousness bzw. Generalized Compliance (besondere Sorgfalt und Zuverlässigkeit im Sinne der Organisation),
3. Sportsmanship (Toleranz gegenüber Ärgernissen und Unannehmlichkeiten),
4. Courtesy (Rücksicht und Verbindlichkeit im Umgang mit Kollegen),
5. Civic virtue (aktive Beteiligung und Engagement).

LePine, Erez und Johnson (2002) haben in einer Meta-Analyse allerdings gezeigt, dass die Subdimensionen hoch miteinander korrelieren und annähernd gleiche Zusammenhänge zu den untersuchten Bedingungen und Konsequenzen aufweisen. Damit lässt sich die theoretisch postulierte Unterscheidung der Subfaktoren empirisch kaum aufrechterhalten. Zur Erfassung von OCB werden in erster Linie Vorgesetzten- und Kollegenurteile, aber auch Selbsteinschätzungen verwendet. Vorgesetztenurteile werden allerdings häufig kritisiert, da sich OCB definitionsgemäß zumindest teilweise der Wahrnehmung und Kontrolle der Vorgesetzten entzieht. Ein weiterer möglicher Vorteil von Leistungsmaßen, die wie OCB stärker motivationalen und emotionalen Einflüssen unterworfen sind, wurde für die Forschung darin gesehen, dass z. B. höhere Zusammenhänge zur Arbeitszufriedenheit zu finden sein sollten, als dies mit den klassischen Indikatoren möglich ist.

Das Interesse an Kontextverhalten oder *Contextual Performance – CP* (Motowidlo, 2000) geht vor allem auf das Anliegen, im Bereich der Eignungsdiagnostik weitere relevante Leistungsmaße zu identifizieren, zurück (Motowidlo, 2000).

Erklärung

► Hintergrund war die Überlegung, dass bestimmten Leistungsbereichen zu viel Aufmerksamkeit geschenkt wird und andere dafür zu wenig beachtet werden. Insbesondere Leistungen, die das Arbeitsumfeld bzw. den Kontext der eigentlichen Kernaufgabe betreffen, würden typischerweise vernachlässigt. ◄◄

In diesem Sinne werden umfeldbezogene Leistungen (contextual performance) von Leistungen, die direkt die Kernaufgabe betreffen (task performance), unterschieden. Die kontextbezogenen Verhaltensweisen beziehen sich auf das organisatorische und soziale Arbeitsumfeld, in dem die eigentliche Kernaufgabe bewältigt wird:

1. Volunteering,
2. Persisting with extra effort,
3. Helping and cooperating,
4. Following rules and procedures,
5. Endorsing organizational objectives.

Die Qualität des Umfeldes beeinflusst wesentlich die Leistung bei der Kernaufgabe. Bei einem Vergleich von OCB und Kontextverhalten kommt Motowidlo (2000) allerdings zu dem Schluss, dass sich bei den Verhaltensdimensionen kaum substantielle Unterschiede benennen lassen.

Frese et al. (1997) definieren Persönliche Initiative oder *Personal Initiative – PI* als Verhaltenssyndrom, das dadurch charakterisiert ist, dass Personen in ihrer Arbeit besondere Eigeninitiative und Aktivität zeigen. Zentrale Merkmale sind: (1) Übereinstimmung mit den Unternehmenszielen, (2) langfristige Orientierung, (3) konkrete Handlungen, (4) Fortsetzung auch bei Widerständen und Rückschlägen und (5) der eigene Antrieb (self-starting). Fay und Frese (2001) betonen, dass PI im Vergleich zu OCB stärker den aktiven und langfristigen Charakter der Verhaltensweisen herausstellt, während z. B. Altruismus (OCB) eher eine kurzfristige Reaktion auf soziale Anforderungen darstellt. Die Ursachen des Verhaltens werden damit eher in der Motivation und den Fähigkeiten der Person und weniger in den Anforderungen des Kontexts lokalisiert. Zur Messung steht ein Interviewverfahren zur Verfügung. Zusätzlich gibt es eine Selbsteinschätzungsskala (self-reported initiative), die sich weitgehend mit der Skala von Bateman und Crant (1993) zur Erfassung von »proactive personality« deckt.

Coleman und Borman (2000) haben den Versuch unternommen, die unterschiedlichen Konzepte zu integrieren. Um den Leistungscharakter der Verhaltensweisen zu unterstreichen, sprechen sie bei den einzelnen Dimensionen nicht mehr von Behavior, sondern von Performance. Unterschieden werden drei Bereiche, die sich auf besonderes Engagement im Umgang mit Kollegen und Vorgesetzten beziehen, ein positives Verhältnis zur Organisation erkennen lassen sowie besondere Anstrengung bei der Erledigung der Arbeitsaufgaben betreffen:

1. inter personal citizenship performance (altruism),
2. organizational citizenship performance (compliance, loyalty, conscientiousness, etc.),
3. job/task citizenship performance (persisting, extra effort).

5.2.2 Bedingungsfaktoren und Konsequenzen

Der weitaus größte Teil der empirischen Forschung zu Extrarole-Verhalten bezieht sich auf OCB. Zunächst sollte OCB häufiger unter Mitarbeitern mit höherer Zufriedenheit zu beobachten sein. Organ und Ryan (1995) kommen in ihrer Meta-Analyse zu dem Ergebnis, dass General Compliance und Altruism jeweils zu $\rho = .28$ mit *Arbeitszufriedenheit* korreliert sind. LePine et al. (2002) berichten in ihrer aktuellen Meta-Analyse ähnlich hohe Zusammenhänge. Entgegen der bereits dargestellten Erwartung (Organ, 1988), dass sich höhere Korrelationen zwischen Arbeitszufriedenheit und OCB zeigen als zwischen Arbeitszufriedenheit und (in-role) Leistung, muss diese Tendenz allerdings als sehr klein bezeichnet werden (Felfe & Six, 2006).

Die Meta-Analysen von Organ und Ryan (1995) und LePine et al. (2002) zeigen einen deutlichen Zusammenhang zwischen unterstützender, mitarbeiterorientierter *Führung* und OCB von über.30. Weitere Studien belegen insbesondere den positiven Zusammenhang zwischen charismatischer bzw. transformationaler Führung und OCB (Podsakoff, MacKenzie, Paine & Bachrach, 2000; Felfe, Schmook, Six & Wieland, 2005). Als weitere relevante Determinante von OCB wurde vor allem das affektive *Commitment* identifiziert. Demographische Merkmale wie das Geschlecht und die Betriebszugehörigkeitsdauer erwiesen sich hingegen nicht als relevante Faktoren.

Der *Arbeitsinhalt* (Podsakoff et al., 2000) bzw. die Aufgabenvielfalt korreliert deutlich mit OCB (Feather & Rauter, 2004). Im Rahmen einer europäischen Vergleichsstudie fanden Six und Felfe (2006) in der deutschen Substichprobe einen Zusammenhang zwischen OCB und dem Handlungsspielraum von r = .48.

Welche Rolle spielt OCB bei der *Leistungsbeurteilung* durch Vorgesetzte? Es zeigt sich, dass die Gesamturteile von Vorgesetzten eher durch OCB erklärt werden können als durch objektive oder subjektive Leistungsmaße, die sich auf »in-role behavior« beziehen. Diese Effekte lassen sich auch noch nachweisen, wenn der Einfluss gemeinsamer Methodenvarianz kontrolliert wird (Podsakoff et al., 2000).

Durch welche Maßnahmen kann die Bereitschaft, sich über das Geforderte hinaus zu engagieren, gefördert werden? Aus den vorgestellten Befunden lassen sich einige Ansatzpunkte benennen. Ausreichende Spielräume und Gestaltungsmöglichkeiten sind wichtige Voraussetzungen für Extra-Rollenverhalten. Ansatzpunkte sind hier die Arbeitsaufgabe selbst sowie mitarbeiterorientierte und transformationale Führung. Gerechtigkeit und Fairness sind weitere Ansatzpunkte, mit denen Extra-Rollenverhalten beeinflusst werden kann. Auch hier kommt den Führungskräften eine Schlüsselrolle zu.

Fragen zur Selbstüberprüfung

1. Was unterscheidet Effizienz von Effektivität?
2. Was ist die Bedeutung von OCB und was sind die zentralen Dimensionen?
3. Wodurch lässt sich OCB erhöhen?

5.3 Motivation

Warum strengen sich einige Mitarbeiter mehr an als andere? Warum setzen sich Mitarbeiter qualitativ und quantitativ unterschiedlich anspruchsvolle Ziele? Warum halten manche bis zum Ende durch und andere geben vorher auf? Motive und Motivation bieten einen wichtigen Erklärungsansatz für die Richtung, Intensität und Ausdauer menschlichen Verhaltens. Bereits in den zuvor dargestellten Konzepten zur Arbeitsgestaltung wurden Annahmen über motivationale Prozesse zugrunde gelegt und bestimmte Gestaltungsansätze mit jeweils vorherrschenden Motiven begründet (z. B. Kapitel 2.4.1). Welche weitergehende Bedeutung Motive und Motivation im Arbeitsprozess spielen, wird in diesem Kapitel ausführlicher behandelt.

Motivation bedeutet eine »aktivierende Ausrichtung des momentanen Lebensvollzuges auf einen positiv bewerteten Zielzustand« (Rheinberg, 2004, S. 17). Motive aktivieren und lösen *Handlungen* aus, geben dem Verhalten eine Richtung auf ein bestimmtes *Ziel*, bestimmen, mit welcher *Intensität* und mit wie viel *Anstrengung* und *Ausdauer* ein Ziel bis zur Erreichung verfolgt wird. Dabei beeinflussen Motive die Informationsverarbeitung, indem sie die Aufmerksamkeit fokussieren und Ablenkung verhindern. Motivationale Prozesse sind auch dafür verantwortlich, ob wir uns unterbrechen lassen und wie rasch wir ggf. eine Handlung nach einer Unterbrechung wieder aufnehmen.

Damit Motivation entstehen kann, bedarf es eines Motivs und eines passenden Anreizes. *Motive* sind Wertungsdispositionen im Sinne einer Bevorzugung einer Anreizklasse bzw. einer Präferenz für die Wahrnehmung bestimmter Erlebnis- und Handlungschancen, die für Individuen charakteristisch sind. *Anreize* sind Merkmale von Situationen, die Motive anregen können. Motive sind damit latente Bewertungsdispositionen, die (neutrale) Aspekte der Umwelt zu Anreizen machen und so Ziele generieren. Im Anregungszustand wird das Motiv zur Motivation, die die Aufmerksamkeit ausrichtet und das

Verhalten steuert. *Motivierung* bedeutet, Menschen auf Handlungsziele auszurichten und die Bedingungen des Handelns so zu gestalten, dass sie diese Ziele erreichen können.

Im Bereich der Motivationsforschung wird zwischen Inhalts- und Prozesstheorien unterschieden (Campbell & Pritchard, 1976). *Inhaltstheorien* gehen von einer Taxonomie von Bedürfnissen aus und versuchen Zusammenhänge mit Handlungsergebnissen nachzuweisen. *Prozesstheorien* widmen sich dem dynamischen Geschehen: Während die Inhalte der Ziele unbestimmt bleiben, werden hier der Prozess des rationalen Abwägens von Vor- und Nachteilen einzelner Handlungsalternativen und die daraus resultierende Wahl thematisiert. Die zentralen Konzepte werden im Folgenden erläutert.

5.3.1 Inhaltstheorien

Bei den Inhaltstheorien steht die Frage im Mittelpunkt, welche unterschiedlichen Motive das menschliche Verhalten überdauernd steuern und beeinflussen. Die Motive werden als individuelle stabile Dispositionen aufgefasst, die in unterschiedlichen Situationen wirksam werden. Damit weisen die Inhaltstheorien eine deutliche Nähe zu den *Eigenschaftstheorien* der Persönlichkeitspsychologie auf. Ein älterer Ansatz stammt von Murray (1938). Ähnlich dem lexikalischen Ansatz zur Erfassung der Eigenschaften in der Persönlichkeitspsychologie ging es Murray darum, ein möglichst vollständiges Inventar an Motiven zusammenzustellen. Murrays Motivlisten enthielten unterschiedlichste Motive, Bedürfnisse, Triebe und Verhaltensorientierungen. Hierzu zählten u. a. Vermeiden von Schmerzen, Wissbegierde, Spieltrieb und Sexualität, aber auch Helfen und Aggression. Grob werden »needs« als positive Bedürfnisse und »presses« als Vermeidungstendenzen unterschieden. Kritisiert wurde, dass es weder eine klare Systematik für die zahlreichen Motive noch ein klares Kriterium dafür gab, ob es sich um ein Motiv handelt oder nicht. Letztlich blieb der Ansatz insofern tautologisch, als jeder Handlung ein entsprechendes Motiv unterstellt werden konnte (Streiten – Streitlust oder Reden – Redebedürfnis).

Nachfolgende Modelle waren hinsichtlich der Anzahl der Motive etwas sparsamer, indem sie versucht haben, Motive wesentlichen Inhaltsklassen zuzuordnen. Bereits in Kapitel 2.4.1 wurde das Modell der *Bedürfnispyramide* von Maslow (1954) erwähnt, das fünf hierarchisch geordnete Motivklassen unterschied: Grundbedürfnisse, Sicherheit, Kontakt, Anerkennung und Selbstverwirklichung als höchstes Motiv. In einer vereinfachten Variante fasst Alderfer (1972) jeweils zwei Motive zusammen und unterscheidet in seinem *ERG-Modell* nur drei Motive: Existence, Relatedness und Growth. Auch die *Zwei-Faktoren-Theorie* der Arbeitszufriedenheit von Herzberg et al. (1959) lässt sich den Inhaltstheorien zuordnen. Die erste Gruppe von Motiven (Bezahlung, Arbeitsplatzsicherheit, erträgliche Umgebungsbedingungen) bezeichneten sie als *Hygienefaktoren*, um deutlich zu machen, dass hiermit lediglich eine selbstverständliche Erwartung erfüllt wird. Die zweite Gruppe von Motiven (Attraktivität der Arbeitsaufgabe, Ausmaß an Verantwortung und eigenen Entwicklungsmöglichkeiten) wird schließlich als Gruppe der Motivatoren bezeichnet. Während es sich bei den ersten Motiven jeweils um *Defizitmotive* handelt, bei denen ein Mangel behoben werden muss, handelt es sich bei Selbstverwirklichung (Maslow), Growth (Alderfer) und den Motivatoren (Herzberg) um *Wachstumsmotive.*

In diesem Zusammenhang kann auch auf das *Job-Characteristics-Model* von Hackman und Oldham (1975, 1980) verwiesen werden, nach dem intrinsische Motivation durch Sinnhaftigkeit und Verantwortung in der Arbeit erzielt werden kann. *Intrinsische Motivation* bedeutet, dass eine Tätigkeit selbst so viel Befriedigungspotenzial beinhaltet, dass sie um ihrer selbst willen erledigt wird. Wie beim Freizeitsport oder bei der Ausübung eines Hobbys wird kein weitergehender Zweck verfolgt oder ein Mangel abgestellt, sondern »der Weg ist gewissermaßen das Ziel«. Für den selbstvergessenen Zustand, wenn jemand in einer Tätigkeit »aufgeht« und sie ihm wie selbstverständlich von der Hand geht, hat Csikszentmihalyi (1975) den Begriff *Flow* geprägt. Das Erleben bei intrinsischer Motivation ist geprägt durch eigene Kontrolle, Kompetenz, Selbstbestimmung, Freude und Stolz.

Bei *extrinsisch motivierten* Handlungen hingegen steht ein weitergehender Zweck im Vordergrund. Diese Handlungen sind selbst nicht unbedingt befriedigend, sondern Mittel zum Zweck. Negatives Erleben wird sogar akzeptiert, wenn der Zweck die Mittel heiligt. Durch extrinsisch motivierte Handlungen erfolgt Triebreduktion (Hunger, Durst, ...), oder es wird versucht, mit ihnen Belohnungen zu erlangen bzw. Bestrafungen zu vermeiden. Durch die Abhängigkeit von Belohnung und Bestrafung sind diese Handlungen eher fremdbestimmt. Bei Wegfall der Aussicht auf Belohnung oder der Furcht vor negativen Konsequenzen wird die Handlung aufgegeben oder zumindest mit verminderter Anstrengung fortgeführt. Studien haben gezeigt, dass intrinsische Motivation durch systematische Belohnung (extrinsische Motivation) gefährdet bzw. korrumpiert werden kann. Bekommen Personen für Dinge, die sie ursprünglich gerne und freiwillig taten, auf einmal Geld und Anerkennung, ist zu erwarten, dass sie diese Dinge aufgeben werden, wenn Geld und Anerkennung ausbleiben.

Als weitere bedeutende Inhaltstheorie, die auch die Brücke zu den Prozesstheorien bereitet, ist McClellands (1958, 1999) Konzept der *gelernten Motive* zu nennen. Die Theorie besagt, dass sich das Verhalten von Menschen durch das Zusammenspiel von drei grundlegenden, individuell stabilen Motiven erklären lässt, die bereits in der Motivliste von Murray vertreten waren. Dabei handelt es sich um:

1. das Leistungsmotiv (need for achievement),
2. das Machtmotiv (need for power) und
3. das Zugehörigkeits- oder Anschlussmotiv (need for affiliation).

Die Motive werden bereits in der Kindheit durch Erfolg gelernt oder bleiben durch Misserfolg unterentwickelt. Entsprechend handelt es sich bei der *Leistungsmotivation* um eine stabile Disposition nach Leistungsverbesserung und Erfolg, wobei das konkrete Ziel/Objekt jedoch unbestimmt bleibt. Als Anreize dienen alle Situationen, in denen man sich beweisen kann und in Bezug auf einen Leistungsmaßstab erfolgreich sein kann.

Personen mit hoher Leitungsmotivation mögen schwierige Herausforderungen, bemühen sich, ihre Leistung ständig zu verbessern, wollen besser sein als andere, erwarten schnelles Feedback und suchen nach innovativen Aufgaben mit einem hohen Maß an Eigenverantwortung. Sie tun dies, weil sie erwarten, in diesen Situationen erfolgreich sein zu können. Die Hoffnung auf Erfolg ist charakteristisch für leistungsmotivierte Personen. Gab es in der Kindheit hinreichend Leistungssituationen, die erfolgreich bewältigt werden konnten, entwickelt sich ein starkes Leistungsmotiv. Gab es hierzu kaum Gelegenheiten oder waren die Erfahrungen mit Leistungssituationen durch Versagen und Scham geprägt, wird das spätere Leistungsmotiv eher gering entwickelt sein.

Das *Machtmotiv* kennzeichnet das Streben, eine überlegene Position gegenüber anderen zu erreichen (Aufstieg, Führungsverantwortung) und andere zu beeinflussen, um deren Einstellungen und Verhalten zu ändern. Als Anreize dienen Situationen, in denen andere kontrolliert und beeinflusst werden können. Personen mit hoher Machtmotivation kontrollieren gerne andere Menschen, aber auch Information und Ressourcen, wollen Verantwortung übernehmen, überzeugen und überreden gerne andere. Für die Entwicklung des Machtmotivs sind auch wieder die Erfahrungen in der Kindheit maßgeblich.

Hinter dem Wunsch nach stabilen harmonischen Beziehungen, Kontakt und Zugehörigkeit zu einer sozialen Gruppe steht das *Anschluss- oder Zugehörigkeitsmotiv*. Als Anreiz dienen Situationen, in denen Kontakt aufgenommen, kommuniziert und interagiert werden kann. Personen mit einem hohen Anschlussmotiv neigen dazu, mit Kolleginnen und Kollegen enge Beziehungen aufzubauen, arbeiten lieber mit anderen Personen zusammen als allein, wollen von anderen Leuten gern bestätigt werden, als Teil einer Gruppe akzeptiert sein und an gesellschaftlichen Aktivitäten teilnehmen. Sie wollen harmonische Beziehungen unterhalten und Konflikte vermeiden.

Später wurden die drei Motive, die vor allem durch das Ausmaß einer positiven Erwartung in den unterschiedlichen

Bereichen charakterisiert sind (Hoffnung auf Erfolg, Hoffnung auf Macht und Einfluss sowie Hoffnung auf Kontakt) um entsprechende *Vermeidungskomponenten* ergänzt (Angst vor Misserfolg, Angst vor Macht- und Kontrollverlust sowie Angst vor Ablehnung und Zurückweisung). Diese »Vermeidungsmotive« sorgen dafür, dass eine Situation nicht nur nicht genutzt, sondern bewusst vermieden wird. Typische Beispiele sind die Vermeidung einer Prüfungssituation z. B. durch Aufschieben (Procrastination), der Verzicht auf eine Bewerbung, Zurückhaltung in einem Gremium, Hemmung einen Kunden anzurufen etc. Diese nicht bewussten Motive, so McClelland, haben eine erhebliche Wirkung auf das Verhalten. Zur Bedeutung der Motive ein einfaches Beispiel.

Beispiel

▶ Man stelle sich vor, sich im Rahmen eines größeren Projekts einer von drei Projektgruppen zuzuordnen. Auf welche Gruppe würde die Wahl fallen? Gruppe 1 hat zweifelsohne die schwierigste Aufgabe. Von ihrem Erfolg hängt der Erfolg des Gesamtprojekts maßgeblich ab. Es ist abzusehen, dass einige Probleme gelöst werden müssen, um zum Ergebnis zu kommen. Die fachliche Auseinandersetzung mit den anderen Spezialisten verspricht anregend und inspirierend zu werden. Gruppe 2 hat insofern eine wichtige Funktion, als ihr eine koordinierende Aufgabe zufällt. Auch müssen die Ergebnisse nach außen vertreten und externe Partner überzeugt werden. Es zeichnet sich ab, dass bislang niemand bereit ist, die Leitung der Gruppe zu übernehmen. Die Aufgabe von Gruppe 3 ist nicht uninteressant, stellt aber keine besondere Herausforderung dar. Es zeichnet sich ab, dass sich hier einige besonders nette und sympathische Kolleginnen und Kollegen zuordnen werden, mit denen sich harmonisch und partnerschaftlich zusammenarbeiten lässt. ◀◀

Es konnte gezeigt werden, dass die einzelnen Motive mit bestimmten *Berufsgruppen* korrespondieren (Litwin & Stringer, 1968). Ein hohes Leistungsmotiv ist besonders im Vertriebsbereich und bei Ingenieurberufen erfolgreich, während ein hohes Anschlussmotiv vor allem in helfenden und beratenden Berufen Erfolg und Zufriedenheit erwarten lässt. Außerdem zeigte sich, dass Manager höhere Leistungsmotivation aufweisen als Personen, die nicht in Managementfunktionen tätig sind, und darüber hinaus, dass erfolgreiche Manager über ein stärkeres Leistungsmotiv verfügten als weniger erfolgreiche. Insgesamt zeigte sich, dass *Führungskräfte* nicht nur über eine überdurchschnittliche Leistungsmotivation, sondern auch über eine hohe Machtmotivation verfügen sollten. Gleichzeitig sollte das Anschlussmotiv nicht zu stark ausgeprägt sein. Diese Motivkonstellation wurde von McClelland und Boyatzis (1982) als Leadership Motive Pattern (LMP) bezeichnet. McClelland war sogar der Ansicht, dass das Leistungsmotiv eine wesentliche Voraussetzung für die gesamtwirtschaftliche Entwicklung bzw. für den Erfolg einer Volkswirtschaft habe.

Dass leistungsmotivierte Personen erfolgreicher sind, hat sicherlich unterschiedliche Ursachen. Einerseits suchen sie eher Situationen auf, in denen sie die Chance haben, erfolgreich zu sein, und sie sind auch bereit, sich dafür anzustrengen. Andererseits hat sich gezeigt, dass sie über einen *Arbeitsstil* verfügen, der die Erfolgsaussichten erhöht. Hierzu gehört, dass sie sich um frühzeitiges und systematisches Feedback bemühen, um ihre Handlungen korrigieren zu können. Entscheidend ist aber wohl, dass sie sich zwar herausfordernde, aber realistische Ziele setzen. Diese Ziele sind im *mittleren Schwierigkeitsbereich* angesiedelt. Demgegenüber vermeiden Personen mit geringer Leistungsmotivation bzw. Angst vor Misserfolg diesen Bereich. Sie wählen entweder extrem schwierige Ziele, um später eine Entschuldigung für das Scheitern zu haben, oder sie entscheiden sich für sehr einfache Ziele, bei denen kein Risiko besteht, aber auch keinen besonderen Erfolge zu erwarten sind.

Zur Messung individueller Motive stehen unterschiedliche Instrumente zur Verfügung. Dabei wird zwischen expliziter Motivmessung, wie zum Beispiel beim *Leistungsmotivationsinventar* (LMI) von Schuler und Prochaska (2001), und der Messung impliziter Motive unterschieden. Während bei der Messung expliziter Motive bewusste Präferenzen abgefragt werden, versucht man durch projektive Verfahren unbewusste Motive zu erfassen. Beispiele sind der *Thematische Apperzeptionstest* (TAT) von Murray (1943) oder semi-projektive Verfahren wie das *Multi-Motiv-Gitter* (MMG) von Sokolowski, Schmalt, Langens und Puca (2000). Bei diesen Verfahren werden mehrdeutige Bilder oder Zeichnungen vorgelegt, die unterschiedlich interpretiert werden können (Picture story exercise/PSE). Es wird davon ausgegangen, dass Personen mit einem hohen Leistungsmotiv in einer weniger eindeutigen Situation eher ein Leistungsthema entdecken, das sie vor ihrem motivationalen Hintergrund in diese Situation hineininterpretieren.

Weitere Motive, die auch im Arbeitskontext bedeutsam sind, haben einen vorwiegend sozialpsychologischen Hintergrund. Soziale Kognitionen wie Einstellungen und soziale Urteile lassen sich durch Motive erklären. Das Streben nach kognitiver *Konsistenz* bzw. das Bedürfnis, kognitive Dissonanz (Festinger, 1957) zu reduzieren, erklärt u. a., warum Personen ihre Einstellungen ändern. Zum Beispiel kann die kognitive Dissonanz, die bei einer als ungerecht erlebten, schlechten Beurteilung durch einen bislang respektierten Vorgesetzten empfunden wird, durch Abwertung des Ablehnenden gemildert werden. Der Widerspruch zwischen dem »guten« Vorgesetzten und der ungerechten Beurteilung ist aufgelöst, wenn der Vorgesetzte als ohnehin unfähig hingestellt wird. Eng damit verbunden ist auch die Motivation, den eigenen *Selbstwert* zu erhalten bzw. zu erhöhen.

Erklärung

▶ Hierdurch lässt sich erklären, warum Personen dazu neigen, die Ursachen von Misserfolgen eher bei anderen zu suchen (self-serving bias), während sie sich Erfolge eher selbst zuschreiben (Miller & Ross, 1975), oder warum Personen dazu neigen, sich zu rechtfertigen und sich eher mit anderen messen, die im Vergleich schlechter abschneiden (Abwärtsvergleich) als umgekehrt (Aufwärtsvergleich). Die Social-Identity-Theorie postuliert zudem, dass Personen bestrebt sind, zu Gruppen mit hohem Prestige und Status zu gehören, um den eigenen Selbstwert zu erhöhen (Tajfel, 1982). So lässt sich auch erklären, warum die eigene Firma oder Abteilung eher durch die »rosa Brille« gesehen (in-group bias oder group-serving bias) und eine Vergleichsgruppe eher kritisch betrachtet wird. ◀◀

5.3.2 Prozesstheorien

Während die Inhaltstheorien unterschiedliche Verhaltenstendenzen von Personen mit unterschiedlichen Motiven erklären, interessieren sich Prozesstheorien für die allgemeingültigen Prozesse, die unabhängig vom Inhalt erklären, warum welches Ziel gewählt wird. Grundlegend sind der Weg-Ziel-Gedanke, der besagt, dass ein Weg nur dann gewählt wird, wenn damit ein erwünschtes Ziel erreicht werden kann, und ein ökonomisches Entscheidungsmodell. Demnach sollte diejenige Handlungsalternative gewählt werden, bei der das Produkt des Wertes eines Ziels und der Wahrscheinlichkeit, mit der das Ziel erreicht werden kann, am höchsten ist.

Dieses Prinzip der *Erwartung-x-Wert-Theorie* (Atkinson, 1975) wird an folgendem Beispiel deutlich: Zwar mag es für einige verlockend sein, in den Vorstand eines großen Unternehmens aufzurücken (das Ziel hat einen hohen Wert), aber die Erfolgswahrscheinlichkeit mag als gering eingeschätzt werden (sehr niedrige Erwartung). Folglich wird die Motivation, sich für dieses Ziel einzusetzen, wahrscheinlich sehr gering ausfallen. Eine Abteilungsleiterposition oder die Geschäftsführung einer Unternehmenstochter ist immer noch ein ehrgeiziges und herausforderndes Ziel, aber die Chancen sind bei entsprechender Anstrengung durchaus gegeben. In diesem Fall sollte die Motivation, dieses Ziel zu verfolgen, deutlich höher sein.

Häufig markieren Ziele nicht einen Endpunkt, sondern sind wichtige Zwischenschritte oder Voraussetzungen für weitergehende Ziele. So erhöhen gute Abschlussnoten die Chancen, von einem attraktiven Unternehmen ein Stellenangebot zu bekommen. Hier ist eher die Wahrscheinlichkeit gegeben, sich auf unterschiedlichen Positionen zu entwickeln, was wiederum eine günstige Voraussetzung für eine weitere Karriere ist. Diese Verkettung ist in der *VIE-Theorie* von Vroom (1964) als Erweiterung des einfachen Erwartung-x-Wert-Ansatzes berücksichtigt. Valenz (V) steht in diesem Modell für den Wert, die Erwartung (E) für die Wahrscheinlichkeit, ein erstes Zwischenergebnis zu erreichen, und Instrumentalität (I) für die Wahrscheinlichkeit, dass mit dem Zwischenergebnis das nächste wichtige Ziel erreicht werden kann. Das Produkt aus V, I und E (V * I * E) bestimmt die Motivation.

Viele Menschen vermeiden es, sich ganz konkrete Ziele vorzunehmen, um sich nicht unter Druck setzen oder hinterher einen Misserfolg eingestehen zu müssen. Allerdings verzichten sie auch auf das von der *Zielsetzungstheorie* postulierte leistungsförderliche Potenzial von konkreten Zielen (Locke & Latham, 1984, 1990, 2002). Locke und Latham konnten in zahlreichen Untersuchungen zeigen, dass mehr Leistung erzielt wird, wenn Personen konkrete, schwierige, aber auch realistische Ziele haben, als wenn sie lediglich gebeten werden, »ihr Bestes zu geben«. Konkrete Ziele sind eine wichtige Voraussetzung für ein systematisches Feedback und erhöhen die Anstrengung, wenn die Zielerreichung gefährdet wird. Damit steigt die Chance, das Leistungsergebnis zu verbessern. Diese Erkenntnisse haben sich nachhaltig auf Führungs- und Managementpraktiken ausgewirkt, wie folgende Beispiele zeigen:

1. Zielvereinbarung (Goalsetting),
2. Management by Objectives (MbO; Drucker, 1954),
3. Productivity Measurement and Enhancement System (PROMES; Pritchard, 1990),
4. Balanced Score Card (BSC; Kaplan & Norton, 1992).

Gemeinsam ist diesen Konzepten, dass auf unterschiedlichen Ebenen konkrete Ziele formuliert werden (Unternehmensziele, Bereichsziele, Teamziele, Mitarbeiterziele), die in strukturierten Gesprächen kommuniziert und vereinbart werden (Zielvereinbarung) und deren Erreichung anschließend systematisch kontrolliert wird (Feedback, Controlling). Aber auch hier gilt, dass die Ziele nicht nur herausfordern, sondern auch erreichbar sein müssen.

Beispiel

▶ Als Alltagsregel für die Formulierung von Zielen steht die *SMART-Formel.* SMART ist ein Akronym für

S **S**pecific (spezifisch),
M **M**easurable (messbar),
A **A**ccepted (angemessen/attraktiv),
R **R**ealistic (realisierbar),
T **T**imely (terminiert). ◀◀

Weitere Untersuchungen weisen auf die Bedeutung von Feedback und die Identifikation mit den Zielen hin. Klein, Wesson, Hollenbeck und Alge (1999) fanden in einer Meta-Analyse (K = 66, N = 7952), dass der Zusammenhang zwischen Schwierigkeit und Leistung mit der *Akzeptanz des Ziels* (Goal Commitment) steigt. Können sich Mitarbeiter hingegen nur wenig oder gar nicht mit dem Ziel identifizieren, verringert sich der positive Effekt bzw. bleibt aus.

Allerdings sinkt der Zusammenhang zwischen Schwierigkeit und Leistung bei steigender *Aufgabenkomplexität* (Wood, Mento & Locke, 1987), da bei diesen Aufgaben der Erfolg weniger von der Anstrengung als eher von anderen Faktoren abhängig ist. Gerade bei komplexen Aufgaben hat sich systematisches Feedback als hilfreich erwiesen. In der Meta-Analyse von Neubert (1998) zeigte sich, dass qualifiziertes *Feedback* allgemein und insbesondere bei komplexen Aufgaben die Effekte von Goalsetting verstärkt.

Das *Rubikon-Modell* von Heckhausen (1989) integriert motivationale Prozesse in ein übergreifendes Handlungsmodell mit vier Phasen (s. **Abb. 5.2**):

1. In der *prädezisionalen Phase* lassen sich die eigentlichen motivationalen Prozesse verorten. Hier steht die Frage: »Was will ich machen?« im Vordergrund. Vor dem Hintergrund des Erwartung-x-Wert-Ansatzes bzw. der VIE-Theorie wird eine Auswahl vorgenommen bzw. eine Entscheidung für eine bestimmte Handlungsalternative getroffen. Ist diese Entscheidung getroffen, wird der Handlungsprozess angestoßen. In diesem Sinne ist der »Rubikon überschrit-

ten«, was bedeutet, dass es gibt »kein Zurück« mehr gibt. Die historische Bedeutung dieses Ausspruchs »den Rubikon zu überschreiten« geht auf den römischen Bürgerkrieg, den Caesar ab 49 v. Chr. führte, zurück. Der Römische Senat hatte zuvor beschlossen, dass Caesar sein Heer entlassen müsse und dass eine Überquerung des Flusses Rubikon in Richtung Rom eine direkte Kriegserklärung darstellt. Caesar aber überschritt mit der Bemerkung, dass der Würfel nun geworfen sei (»Alea iacta est«), mit seinen Truppen den Rubikon und eroberte daraufhin ganz Italien und später Spanien.

2. In der *präaktionalen Phase* geht es um die Frage, wie ambitioniert das konkrete Ziel ist. Dabei geht es vor dem Hintergrund von mehr oder weniger ambitionierter Zielsetzung und damit zu erwartender Anstrengung um einen volitionalen Prozess. Für diese Phase bietet vor allem die *Zielsetzungstheorie* einen Erklärungsrahmen (Locke & Latham, 1984, 1990, 2002).
3. In der *aktionalen Phase* geht es um die Handlungssteuerung und Kontrolle. Entscheidend ist dabei, wie konsequent das Ziel verfolgt wird. Die Abschirmung bzw. der Schutz der Handlungsrealisierung gegenüber konkurrierenden Impulsen oder Störungen ist hierfür maßgeblich. Dazu gehört der Umgang mit Ablenkung, Unterbrechungen und Misserfolgen. Inwieweit es Personen gelingt, die Ziele, die sie sich gesetzt haben, auch tatsächlich zu erreichen, hängt offenbar von ihrer individuellen Handlungsorientierung ab. Kuhl (2001) unterscheidet zwei Stile: Handlungs- vs. Lageorientierung. *Lageorientierung* ist dadurch gekennzeichnet, dass Personen insbesondere bei Schwierigkeiten und Misserfolgen dazu neigen, zu zögern, passiv zu reagieren oder gar die Handlung abzubrechen. Ihre Orientierung ist eher vergangenheits- oder gegenwartsbezogen und wenig zukunftsorientiert. Handlungsorientierte Personen hingegen reagieren aktiv und flexibel auf Probleme, indem sie nach Lösungen suchen und ihr Ziel weiterhin konsequent verfolgen. In ähnlicher Weise unterscheidet Higgins (1997) mit seinem Konzept des Selbstregulatorischen Fokus

Personen, die ihre Aufmerksamkeit auf das Erreichen von positiv bewerteten Zielen richten (Promotionsfokus) und Personen, die sich auf die Vermeidung von Fehlern und Misserfolgen konzentrieren (Präventionsfokus).

4. In der *postaktionalen Phase* findet eine Bewertung des Gesamtprozesses und der Zielerreichung statt. Dieser handlungsbewertende Rückblick beeinflusst wiederum die zukünftigen Handlungen. Dabei finden *Attributionsprozesse* statt (Heider, 1958; Weiner, 1994). Die Ursachen für Erfolg oder Misserfolg können internal oder external attribuiert werden. Wird z. B. ein unerwartetes Hindernis als Zufall bewertet, wird sich das weniger motivationsmindernd auf eine ähnliche zukünftige Handlung auswirken, als wenn beim nächsten Mal wieder mit den gleichen externen Behinderungen zu rechnen ist. Wird hingegen der Erfolg der Fähigkeit der eigenen Person zugeschrieben, steigt wahrscheinlich die Motivation beim nächsten Mal. Neben der Ursachenzuschreibung spielen auch Gerechtigkeitsüberlegungen bei der nachträglichen Bewertung eine Rolle. Ob der Aufwand zur Erreichung eines Ziels gerechtfertigt ist, wird u. a. durch soziale Vergleichsprozesse ermittelt. Wird das Ziel von anderen Personen mit deutlich geringerer Anstrengung erreicht, wird dies als ungerecht erlebt, und die Motivation nimmt ab. Bewertet wird auch insgesamt das Verhältnis von Aufwand und Ertrag. Stehen Aufwand und Ertrag in keinem akzeptablen Verhältnis, wird gemäß der Austausch- bzw. Equity-Theorie (Adams, 1963, 1965; Kanfer, 1990) ein Ungleichgewicht wahrgenommen, das entweder durch zusätzlichen Ertrag kompensiert werden muss oder sich negativ auf die künftige Motivation auswirkt. So berichten Gebert und von Rosenstiel (1996), dass Über- bzw. Unterbezahlung zu Kompensation der Mitarbeiter durch Leistungssteigerung bzw. -rückgang führten.

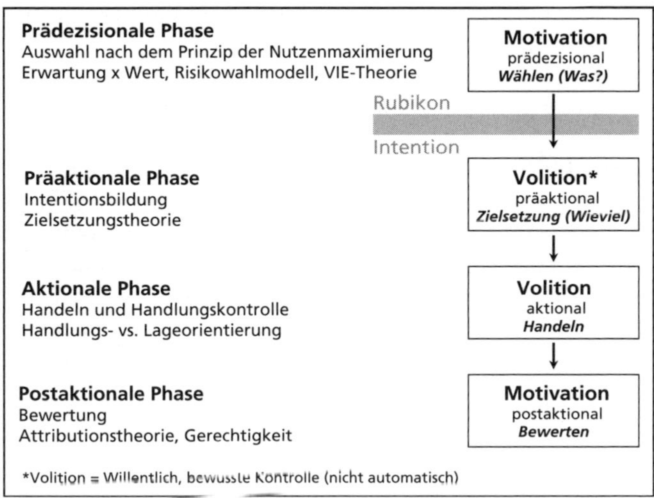

Abb. 5.2: Rubikonmodell

Beispiel

Aus den Prozess- und Inhaltstheorien lassen sich zahlreiche *praktische Empfehlungen* für die Mitarbeitermotivation ableiten. Führungskräfte sollten in systematischen Mitarbeitergesprächen Folgendes tun:

- herausfinden, welche *Motive* und Werte für ihre Mitarbeiter jeweils von Bedeutung sind,
- die Einschätzungen der Mitarbeiter hinsichtlich Erwartung und Wert erfahren und ggf. korrigieren (z. B. bei Fehlattributionen oder Unkenntnis des Wertes eines Ziels),
- Wege aufzeigen, wie die *Erwartung* erhöht werden kann (z. B. durch Training, Unterstützung, Verhaltensänderung),
- Wege aufzeigen, wie der *Wert* erhöht werden kann (z. B. interessante Zusatzaufgaben, Prämien, Nutzung variabler Vergütungssysteme),
- konkret messbare, spezifische und herausfordernde *Ziele vereinbaren*,
- regelmäßig qualifiziertes *Feedback* anbieten,

- das *Selbstmanagement* der Mitarbeiter fördern (Zeitmanagement, Prioritätensetzung) sowie
- die wahrgenommene Gerechtigkeit bei der Belohnung thematisieren und ggf. korrigieren. ◄◄

Bereits Lawler (1977) hat allerdings darauf hingewiesen, dass es irreführend sein könnte, Motivationsprobleme und Defizite allein bei den Mitarbeitern zu suchen. Weniger die Motivation ist das Problem, als vielmehr die Faktoren, die die Mitarbeiter demotivieren: Ungerechtigkeit und ausbleibende Belohnungen, Unterforderung, fehlendes Feedback, fehlende Informationen und Partizipation, fehlende Ressourcen und unrealistische Erwartungen.

Fragen zur Selbstüberprüfung

1. Was unterscheidet Inhalts- und Prozesstheorien und welche Beispiele lassen sich jeweils benennen?
2. Worin liegt die besondere Bedeutung des Leistungsmotivs und wie kann es gemessen werden?
3. Wofür steht das Akronym SMART im Kontext der Zielvereinbarung?
4. Was sind die Gemeinsamkeiten und Unterschiede von MbO, PROMES und BSC?
5. Welche Moderatoren beeinflussen den Erfolg von Zielsetzung und Leistung?
6. Wie können Führungskräfte die Motivation ihrer Mitarbeiter positiv beeinflussen?

5.4 Persönlichkeitseigenschaften

Neben Motiven, die zum Teil der Persönlichkeit zugerechnet werden können, wird im Folgenden gezeigt, welche weiteren Persönlichkeitsmerkmale mit Leistung und beruflichem Erfolg zusammenhängen. Hierzu liegen mittlerweile einige Meta-Analysen (Barrick, Mount & Judge, 2001; Judge, Bono, Ilies & Gerhardt, 2002) und ein einschlägiger Überblicksartikel von

Borkenau, Egloff, Eid, Henning, Kersting, Neubauer & Spinath (2005) vor. Einen Überblick über die einschlägigen Meta-Analysen in diesem Bereich bieten Six und Six-Materna (2011). **Abbildung 4.3** zeigt die Zusammenhänge zwischen den Big Five (Neurotizismus, Extraversion, Offenheit, Gewissenhaftigkeit und Verträglichkeit) und unterschiedlichen Erfolgs- bzw. Leistungskriterien (Vorgesetztenbeurteilung, objektive Leistungsmaße, Teamleistung), die in den jeweiligen Meta-Analysen ermittelt wurden. Zusätzlich werden unterschiedliche Funktionen und Berufsgruppen (Führungskräfte, Fachkräfte etc.) unterschieden.

- Insgesamt zeigen sich durchgängig substanzielle Zusammenhänge zwischen *Gewissenhaftigkeit* und der Gesamtleistung (.27) sowie einzelnen Leistungsbereichen (Training, Team etc.). Dieser Zusammenhang findet sich auch in unterschiedlichen Berufsgruppen (Vertrieb, Fachkräfte, Angelernte).
- Positive Zusammenhänge zeigen sich auch zwischen *Extraversion* und Erfolg (.15). Besonders erfolgsrelevant ist Extraversion bei Management- (.21) und bei Führungsfunktionen (.31).
- Für Offenheit werden hingegen insgesamt nur geringe Zusammenhänge ermittelt (.07). Allerdings ist *Offenheit* speziell im Trainingskontext und im Führungsbereich mit Leistung korreliert (.33 bzw. .24).
- Moderate Zusammenhänge werden für *Verträglichkeit* berichtet (.13). Allerdings zeigt sich eine vergleichsweise hohe Bedeutung von Verträglichkeit im Teamkontext (.34).
- Negativ ist hingegen der Zusammenhang zu *Neurotizismus* (–.13). Besondere Bedeutung kommt dem Neurotizismus im Teamkontext und im Führungsbereich zu (–.22 bzw. –.24).

Geht man davon aus, dass allgemeine *Zufriedenheit* mit Leistung korreliert, weil sie sich entweder auf Leistung auswirkt oder das Ergebnis von Leistung ist, zeigt sich auch hier ein ähnliches Muster (Judge, Heller & Mount, 2002). Insbesondere Gewissenhaftigkeit und Extraversion korrelieren positiv mit

Zufriedenheit (.26 bzw. .25), während der Zusammenhang zu Neurotizismus deutlich negativ ausfällt (–.29). Ein vergleichbares Korrelationsmuster findet sich auch für die Zusammenhänge zwischen den Big Five und der *Selbstwirksamkeitserwartung* (Judge & Ilies, 2002). Bei der Selbstwirksamkeitserwartung handelt es sich um eine generalisierte Überzeugung, berufliche Anforderungen bewältigen zu können. Aus motivationaler Perspektive wirkt sich eine hohe Selbstwirksamkeitserwartung positiv auf die Motivation aus, da der Erwartungswert als Faktor der Motivation (s. Erwartung x Wert) dann eher hoch ausfällt. Das wiederum sollte sich auch positiv auf die Leistung auswirken. Insbesondere Gewissenhaftigkeit und Extraversion korrelieren positiv mit Selbstwirksamkeitserwartungen (.22 bzw. .33), während der Zusammenhang zur Neurotizismus deutlich negativ ausfällt (–.35).

	Neurotizismus	Extraversion	Offenheit	Verträglichkeit	Gewissen-haftigkeit
Gesamtleistung	-0,13	0,15	0,07	0,13	0,27
Vorgesetztenbeurteilung	-0,13	0,13	0,07	0,13	0,31
Objektive Leistung	-0,1	0,13	0,03	0,17	0,23
Trainingsleistung	-0,09	0,28	0,33	0,14	0,27
Teamleistung	-0,22	0,16	0,16	0,34	0,27
Verkaufsleistung	-0,05	0,11	-0,03	0,01	0,25
Managementleistung	-0,09	0,21	0,1	0,1	0,25
Fachkräfte	-0,06	-0,11	-0,11	0,06	0,24
Un- und Angelernte		0,06	0,05	0,1	0,23
Führung	-0,24	0,31	0,24	0,08	0,28
Arbeitszufriedenheit	-0,29	0,25	0,02	0,17	0,26
Selbstwirksamkeitserwartung	-0,35	0,33	0,2	0,11	0,22

Abb. 5.3: Leistung und Persönlichkeit

Ein Erfolgskriterium, das weiter geht als die unmittelbare Leistung, ist der langfristige *Karriereerfolg*, der an Beförderungen, Einkommen und subjektiven Karriereerfolg gemessen werden kann. Auch hier zeigen sich systematisch negative Zusammenhänge zwischen Neurotizismus und Karriereerfolg (–.11 bis –.36), während die Zusammenhänge zur Extraversion positiv sind (.10 bis .27). Allerdings werden diese Kriterien auch wesentlich durch Erfahrung (.27 bis .29), Bildungsniveau (.29) und Dauer der Betriebszugehörigkeit (.20) vorhergesagt

(Ng, Eby, Sorensen & Feldman, 2005). Auch Alter und Geschlecht spielen hierbei eine Rolle (.26 bzw. .13).

Fragen zur Selbstüberprüfung

1. Welchen Zusammenhang gibt es zwischen Extraversion und Leistung bzw. Erfolg?
2. Wie unterscheidet sich die Bedeutung der Persönlichkeitseigenschaften für einzelne Funktionen und Berufsgruppen?

5.5 Arbeitszufriedenheit und Mitarbeiterbindung

Arbeitszufriedenheit und Mitarbeiterbindung sind zwei zentrale Konzepte, mit denen Verhalten und Erleben in Organisationen erklärt und vorhergesagt werden sollen. Während Arbeitszufriedenheit die Bewertung der gesamten Arbeitssituation oder einzelner Facetten durch die Mitarbeiter abbildet, erfasst Commitment, wie sich Mitarbeiter ihrem Unternehmen als Ganzes verbunden und verpflichtet fühlen. Dieses Gefühl der Verbundenheit, Identifikation und Verpflichtung ist eine der wichtigsten Voraussetzungen für die individuelle Leistungsbereitschaft und vor allem für die Bereitschaft, dem Unternehmen »treu« zu bleiben (Six & Felfe, 2006; Felfe, 2008).

5.5.1 Formen der Arbeitszufriedenheit

Nach einer Definition von Spector ist Arbeitszufriedenheit »... simply how people feel about their jobs and different aspects of their jobs. It is the extent to which people like (satisfaction) or dislike (dissatisfaction) their jobs. As it is generally assessed, job satisfaction is an attitudinal variable.« (1997, S. 2). Es herrscht weitgehend Einigkeit, dass Arbeitszufriedenheit die *Einstellung* des Mitarbeiters gegenüber seiner Arbeit insgesamt oder gegenüber einzelnen Facetten der Arbeit erfasst. Zu diesen Facetten zählen u. a. die Arbeitsaufgabe,

Kollegen, Vorgesetzte und Arbeitsbedingungen. Entsprechend definiert Locke (1976) Arbeitszufriedenheit als angenehmen, positiven emotionalen Zustand, der das Resultat der Bewertung der eigenen Arbeit ist. »The achievement of one's job values in the work situation results in the pleasurable emotional state known as job satisfaction« (Locke & Henne, 1986, S. 21).

Wird Arbeitszufriedenheit als Einstellung konzipiert, wird sie entweder als *globales Maß*, d. h. als Einzel-Item-Messung (»Einmal alles zusammengenommen betrachtet: Sind Sie mit Ihrem gegenwärtigen Arbeitsplatz im Großen und Ganzen zufrieden oder unzufrieden?«) oder aber als Profil der einzelnen Komponenten oder *Facetten* erhoben. Zu den zentralen Facetten gehören die Arbeitstätigkeit selbst, Arbeitsbedingungen, Führung, Bezahlung etc. Historisch betrachtet wurde den einzelnen Facetten bereits früher in unterschiedlichem Maße Bedeutung beigemessen. Zu Entlohnungssystemen und äußeren Arbeitsbedingungen finden sich bereits erste Hinweise bei Taylor (1913/1977). Soziale Aspekte wurden im Rahmen des Human-Relations-Ansatz in den Vordergrund gestellt (Roethlisberger & Dickson, 1939). Der Arbeitsinhalt wurde im Zusammenhang mit humanistischen Ansätzen betont (Maslow, 1954). Zu erwähnen ist hier auch die Zwei-Faktoren-Theorie von Herzberg (1966), bei der die unterschiedlichen Facetten in Inhaltsfaktoren (Motivatoren) und Kontextfaktoren (Hygienefaktoren) unterteilt werden. Während sich Motivatoren positiv auf die Zufriedenheit auswirken, kann mit den Hygienefaktoren lediglich Unzufriedenheit abgebaut werden (s. Kapitel 2.4.1).

Zur Messung der Arbeitszufriedenheit sind zahlreiche *Instrumente* entwickelt und vielfach eingesetzt worden, wie z. B. der Job Descriptive Index (Smith, Kendall & Hulin, 1969) und der Job Satisfaction Survey von Spector (1985 a). Dabei handelt es sich vorwiegend um standardisierte Fragebögen. Zu den verbreiteten deutschsprachigen Instrumenten gehören der Arbeitsbeschreibungsbogen (ABB) von Neuberger und Allerbeck (1978, 2003) und die Skala zur Messung von Arbeitszufriedenheit (SAZ) als Kurz- und Langform von Fischer und Lück (1972). Hier sind einige Items der Kurzform aufgeführt:

- Ich habe richtige Freude an der Arbeit.
- Was meinen Sie: Insgesamt gesehen: Würden Sie sagen, dass Ihre Arbeit wirklich interessant und befriedigend ist?
- Gibt Ihnen Ihre Arbeit genügend Möglichkeiten, Ihre Fähigkeiten zu gebrauchen?
- Sind Sie mit Ihren Aufstiegsmöglichkeiten zufrieden?
- Sind Sie mit dem Arbeitstempo zufrieden?
- Wenn Sie noch einmal zu entscheiden hätten, würden Sie dann wieder den gleichen Beruf wählen?

Regelmäßige repräsentative Umfragen des Statistischen Bundesamtes zeigen, dass die allgemeine Arbeitszufriedenheit in Deutschland ähnlich wie die generelle Lebenszufriedenheit relativ *stabil und auf einem hohen Niveau* angesiedelt ist (Datenreport, 2008). Die Validität dieser hohen positiven Werte wurde angesichts der Krankenstände, Frühverrentungen und Fluktuationsraten immer wieder als *artefaktverdächtig* eingestuft und angezweifelt. Hinzu kommt, dass nur 24 % der Arbeiter und 43 % der Angestellten ihren Beruf noch einmal ergreifen würden. Im Gegensatz hierzu liegen die Anteile bei freien Berufen und Akademikern (Professoren: 93 %, Juristen: 83 %, Journalisten: 82 %) deutlich höher (Kahn, 1972). Es wurden zahlreiche Ursachen diskutiert, die zu einer *positiven Verzerrung* beitragen können:

1. die Sorge vor negativen Konsequenzen bei kritischen Einschätzungen durch Zweifel an der Anonymität von Befragungen (Neuberger, 1985);
2. der pauschale Charakter der Fragen begünstigt eine Positivauswahl in der rückblickenden Bilanzierung, da die kleinen Ärgernisse des Alltags schneller vergessen werden (Neuberger, 1985);
3. es kommt zu Selektionseffekten, da Unzufriedene ausscheiden und/oder Unternehmen mit »ernsten Problemen« keine Befragungen durchführen (Fischer, 1997) und

4. das Anspruchsniveau wird gesenkt, um mögliche Dissonanzen zu vermeiden und ein positives Selbstbild aufrechtzuerhalten (Neuberger & Allerbeck, 1978). Dies wird außerdem durch Sozialisationsprozesse, die zu einer Anpassung von Ansprüchen führen, begünstigt.

Das hat eine weitere Gruppe von Ansätzen hervorgebracht, bei denen nicht nur einzelne Facetten bewertet, sondern die *kognitiven Bewertungsprozesse* bei der Entstehung von Zufriedenheit bzw. Unzufriedenheit in den Mittelpunkt gestellt werden (Bruggemann, Groskurth & Ulich, 1975). Demnach resultieren unterschiedliche Formen der Zufriedenheit aus einem kognitiven Bewertungsprozess, bei dem der Ist-Zustand mit einem Soll-Zustand verglichen wird.

Werden die Erwartungen erfüllt, resultiert Zufriedenheit. Werden sie nicht erfüllt, kommt es zu Unzufriedenheit. Welche Unterformen der Zufriedenheit bzw. Unzufriedenheit sich dann entwickeln, hängt davon ab, wie sich das *Anspruchsniveau* entwickelt. Wird die Erwartungshaltung bei vorliegender Unzufriedenheit nach unten korrigiert, resultiert eine »resignative Zufriedenheit«. Wird das Anspruchsniveau bei Zufriedenheit angehoben, handelt es sich um »progressive Zufriedenheit« (s. **Abb. 5.1**). Im Folgenden sind einige Beispielitems zur Erfassung der unterschiedlichen Formen aufgeführt (Udris & Rimann, 1995).

Progressive Zufriedenheit

- Die bisherigen Erfahrungen lassen mich von meiner Stelle für die Zukunft mehr erwarten.
- Ich bin mit meiner Arbeit bis jetzt zufrieden, möchte aber beruflich weiterkommen.

Stabilisierte Zufriedenheit

- Ich wünsche mir, dass sich an meiner Stelle nichts ändert.
- Ich habe meine gesetzten Ziele an meiner Stelle erreicht und bin mit dem Erreichten zufrieden.

Resignative Zufriedenheit

- Weil meine Situation schlechter sein könnte, kann ich mit meiner Stellung zufrieden sein.
- Es bleibt mir nichts anderes übrig, als mich mit den Gegebenheiten abzufinden.

Fixierte Unzufriedenheit

- Ich fürchte, dass ich an meiner Stelle kaum etwas verbessern kann.

Konstruktive Unzufriedenheit

- Weil ich mit einigen Dingen nicht zufrieden bin, setze ich mich für Verbesserungen bei der Arbeit ein.

Tatsächlich konnten Baumgartner und Udris (2006) mittels Clusteranalyse unterschiedliche »Zufriedenheitstypen« unterscheiden. Es zeigte sich auch, dass ein Teil der Zufriedenen lediglich als »resignativ zufrieden« einzustufen ist. Insgesamt lag der Anteil der resignativ Zufriedenen bei ca. 20 %. In der Schweiz werden die unterschiedlichen Formen seit Jahren regelmäßig ermittelt (www.transferplus.ch). 2005 lag der Anteil der resignativ Zufriedenen bei 28 %. Damit bestätigt sich die Annahme, dass es sich bei einem Teil der großen Zahl der Zufriedenen lediglich um resignativ Zufriedene handelt. Allerdings verbleibt ein erheblicher Anteil von stabilisiert oder progressiv Zufriedenen (ca. 60 %), so dass der allgemein anzutreffende hohe Anteil an Zufriedenen etwas relativiert werden muss. Betrachtet man die Entwicklung von 1979 bis 2005 fällt auf, dass wenn der Anteil der stabilisiert Zufriedenen abnimmt, der Anteil der resignativ zufriedenen zunimmt und umgekehrt.

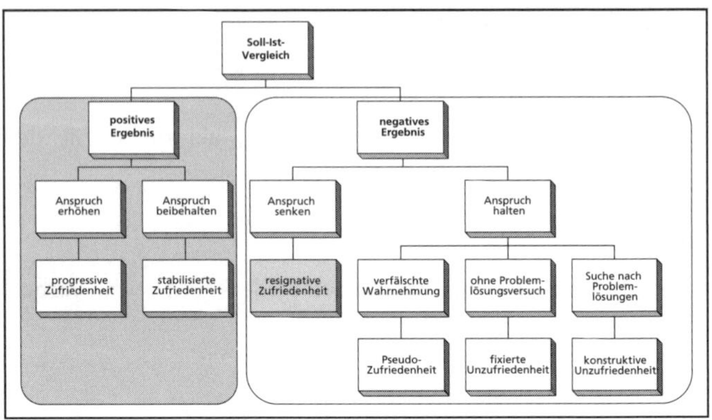

Abb. 5.4: Formen der Arbeitszufriedenheit

5.5.2 Commitment und Identifikation: Komponenten und »Foci«

Nach Meyer und Herscovitch (2001) wird Commitment allgemein als stabilisierende und verpflichtende Kraft verstanden, die die Richtung des Verhaltens bestimmt und eine Person an bestimmte Handlungsweisen bindet. In diesem Sinne ist das Commitment gegenüber einer Organisation »a bond or linking of the individual to the organization« (Mathieu & Zajac, 1990, S. 171). Mowday, Steers und Porter (1979) sehen in Commitment eine aktive Beziehung zur Organisation, die über passive Loyalität hinausgeht. Im Vergleich zu Arbeitszufriedenheit ist Commitment eher eine generelle affektive Reaktion auf die Organisation als Ganzes, während Zufriedenheit eher aus der Bewertung spezifischer Merkmale der Arbeit reultiert. Damit ist Commitment stabiler und weniger Schwankungen unterworfen (Mowday et al., 1979).

Historisch lassen sich auch hier mehrere Entwicklungslinien ausmachen. Eine erste Entwicklungslinie lässt sich bis zu Porter, Steers, Mowday und Boulian (1974) zurückverfolgen. Commitment bedeutete hier:

1. eine starke Identifikation mit den Werten und Zielen der Organisation,
2. die Bereitschaft, sich besonders einzusetzen, sowie
3. eine geringe Fluktuationsabsicht.

Ein entsprechendes Fragebogeninstrument, der Organizational Commitment Questionnaire (OCQ) von Mowday et al. (1979), wurde in zahlreichen Untersuchungen eingesetzt. Eine zweite Linie stellt die emotionale Bindung in den Hintergrund und betont dafür das rationale Kalkül zur Erklärung von Bindung (Becker, 1960; Hrebeniak & Alutto, 1972). Dieser Ansatz besagt, dass die Stärke des Commitments aus einem Abwägen bisheriger Investitionen und zukünftiger Kosten sowie den verfügbaren Alternativen resultiert. Ein dritter Entwicklungsstrang betont die Bedeutung sozialer Verpflichtung und moralischer Werte für die Stärke und Aufrechterhaltung der Bindung an das Unternehmen (Wiener & Vardi, 1980).

Allen und Meyer (1990) haben diese unterschiedlichen Forschungstraditionen zu einem *Drei-Komponenten-Modell* zusammengeführt. Meyer und Allen (1991) postulieren, dass alle drei Bindungsmechanismen gleichzeitig und in unterschiedlichen Ausprägungen vorliegen können. Die drei Komponenten werden im Folgenden genannt:

1. affektives Commitment, d.h. die Verbundenheit aufgrund von Wünschen und Wollen der Mitarbeiter,
2. kalkulatorisches Commitment, d.h. die Bindung basiert darauf, dass die Mitarbeiter vernünftigerweise im Unternehmen bleiben sollten, und
3. normatives Commitment, d.h. die Mitarbeiter glauben, einer sozialen oder ethischen Norm entsprechen zu müssen.

Die Drei-Faktoren-Struktur konnte empirisch wiederholt bestätigt werden (Hackett, Bycio & Hausdorf, 1994; Meyer, Allen & Smith 1993). Lediglich für die Dimension »kalkulatorisches Commitment« ergeben sich immer wieder Hinweise auf die zwei Subdimensionen »low alternatives« und »high sacrifices« (McGee & Ford, 1987; Stinglhamber, Bentein & Vandenberghe, 2002). Mittlerweile liegen auch validierte deutschsprachige

Versionen dieses in zahlreichen Untersuchungen standardmäßig eingesetzten Verfahrens vor (Felfe, 2008; Felfe & Franke, 2012; Schmidt, Hollmann & Sodenkamp, 1998).

Zahlreiche Untersuchungen haben für die drei Komponenten immer wieder spezifische Zusammenhänge gefunden. Affektives Commitment zeigt die stärksten Zusammenhänge zu unterschiedlichen Antezedenzfaktoren und Konsequenzen. Für normatives Commitment werden ähnliche Korrelationsmuster berichtet, jedoch auf deutlich niedrigerem Niveau. Konzeptionell bedeutsam ist die Abgrenzung von kalkulatorischem Commitment, das eher auf rationalem Kalkül beruht und mit positiven Konsequenzen nur gering positiv oder sogar negativ korreliert.

Diese Differenzierung ist auch für mögliche Maßnahmen zur Förderung von Commitment relevant. Meyer und Allen (1997) sprechen in diesem Zusammenhang von einem aktiven Commitmentmanagement. Beispielsweise besteht ein relativ hohes Risiko, dass Mitarbeiter, die eher kalkulatorisch gebunden sind, das Unternehmen verlassen, sobald sich eine bessere Alternative ergibt. Hier müssten Maßnahmen ergriffen werden, die auf eine Steigerung des affektiven Commitments z. B. durch Veränderung der Arbeitsaufgaben und -bedingungen abzielen.

Meyer und Allen (1997) gehen davon aus, dass das Modell weitgehend *generalisierbar* ist und nicht nur auf die Organisation, sondern auch auf andere Ziele (hierfür hat sich der Begriff »Foci« etabliert), wie die Tätigkeit, das Team u. s. w. angewendet werden kann. Es konnte gezeigt werden, dass das Commitment gegenüber der Organisation und der Tätigkeit jeweils unabhängig zu der Vorhersage arbeitsbezogener Konsequenzen beiträgt (Meyer et al., 1993). In diesem Sinne haben neuere Studien das Commitment von Angestellten gegenüber dem Vorgesetzten, der Arbeitsgruppe, dem Topmanagement, der eigenen Karriere (Becker, 1992; Bentein, Stinglhamber & Vandenberghe, 2002; Clugston, Howell & Dorfman, 2000; Felfe, Schmook & Six, 2006; Franke & Felfe, 2008; Meyer & Herscovitch, 2001), gegenüber der Beschäftigungsform (Felfe, Schmook, Schyns & Six, 2008) und sogar gegenüber Europa (Vandenberghe, Stinglhamber, Bentein & Delhaise, 2001) untersucht. **Abbildung 5.5** gibt einen Überblick über die unterschiedlichen Commitmentfacetten, die sich aus der Unterscheidung der Komponenten und der Betrachtung unterschiedlicher Foci ergeben. Auch konnte gezeigt werden, dass Commitment gegenüber proximalen Zielen wie z. B. der Arbeitsgruppe oder dem Vorgesetzten stärkere Zusammenhänge zur Leistung aufweist als Commitment gegenüber distalen Zielen wie der Organisation (Becker, Billings, Eveleth & Gilbert, 1996).

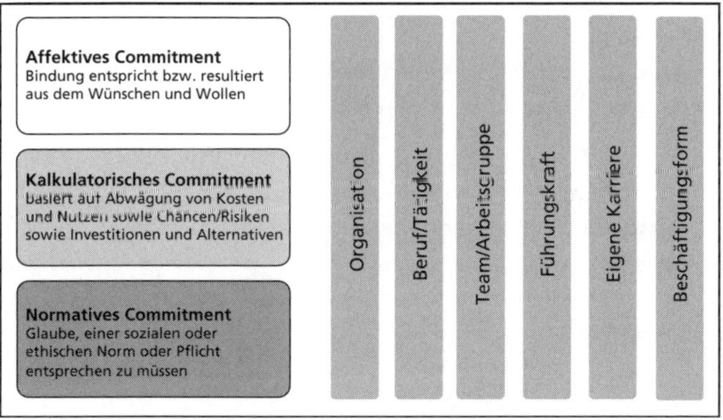

Abb. 5.5: Komponenten und Foci von Commitment

Das Konzept der organisationalen *Identifikation* (Van Dick, 2004) ist dem Commitment-Ansatz sehr ähnlich (Franke & Felfe, 2008), basiert aber auf einem anderen theoretischen Hintergrund. Während das Commitmentkonzept, wie in den vorherigen Kapiteln gezeigt wurde, Mitarbeiterbindung eher als individuelle Einstellung gegenüber dem »Objekt« Organisation konzeptualisiert (individuelle Perspektive), argumentiert der Identitätsansatz eher aus einer *Gruppenperspektive.* Organisationen und Organisationsbereiche werden als soziale Gruppen betrachtet, die interagieren, kooperieren sowie konkurrieren. Die Zugehörigkeit zu Gruppen erklärt die Entwicklung sozialer und insbesondere organisationaler Identität. Den theoretischen Hintergrund liefert der Social Identity Approach (Tajfel, 1978; Tajfel & Turner, 1986).

Der Gesamtansatz der *sozialen Identität* besteht aus zwei einander ergänzenden Theorien, der Sozialen Identitätstheorie (Social Identity Theory, SIT) und der Selbst-Kategorisierungs-Theorie (Self-Categorization Theory, SCT). Diese Theorien besagen, dass die soziale Identität ein wesentlicher Teil des Selbstkonzepts und maßgeblich für den Selbstwert ist. Ausgehend von dem Bedürfnis nach *positiver Selbstbewertung* ist es äußerst selbstwertdienlich, sich einer Gruppe zuzuordnen (Kategorisieren), die über ein hohes Ansehen und viel Prestige verfügen, um auf diesem Weg eine positive soziale Identität zu entwickeln.

Ähnlich wie beim organisationalen Commitment lassen sich unterschiedliche Komponenten unterscheiden.

- Der Prozess der Identifikation beginnt mit der Selbstkategorisierung als Gruppenmitglied. Mit dem Wissen um die Gruppenmitgliedschaft handelt es sich vorrangig um eine *kognitive Komponente.* Auf dieser Grundlage entwickeln sich die affektiven, evaluativen und behavioralen Komponenten.
- Die *affektive Komponente* beinhaltet die emotionale Qualität der Mitgliedschaft zu der Gruppe. Hier geht es zum Beispiel um die Frage, wie gern oder ungern jemand Mitglied dieser Gruppe ist und wie stark demnach die Identifikation ist.
- Bei der *evaluativen Komponente* steht der Wert der Gruppe im Vergleich zu anderen Gruppen im Vordergrund. Hier geht es um Fragen von Prestige und Status.
- Die *konative bzw. behaviorale Komponente* beinhaltet das auf die Gruppe ausgerichtete Verhalten. Hier geht es um die Teilnahme an Ritualen, die Durchführung prototypischer Handlungen und den Einsatz und das Engagement für das Ansehen der Gruppe.

Gemeinsam ist den Konzepten, dass man im Allgemeinen davon ausgeht, dass Mitarbeiter mit hohem Commitment und starker Identifikation ähnlich wie hoch zufriedene Mitarbeiter für das Unternehmen von größerem Nutzen sind, da sie weniger zu Fluktuation neigen und von ihnen eine höhere

Leistungs- und Einsatzbereitschaft erwartet werden kann. Das scheint insbesondere vor dem Hintergrund *zunehmender Veränderungen* in den Organisationen von Bedeutung, die durch flexiblere Organisations- und Beschäftigungsformen, Umstrukturierungen, Fusionen und Übernahmen, Personalabbau sowie steigenden Kostendruck gekennzeichnet sind. Die Aufzählung zeigt, dass sich diese Veränderungen durchaus negativ auf die Einstellungen der Mitarbeiter auswirken können (Meyer, Allen & Topolnytsky, 1998; Rousseau, 1998). Da jedoch nicht nur das reibungslose und effiziente Funktionieren in den veränderten Strukturen, sondern die Bewältigung der Veränderungen selbst von den Organisationsmitgliedern mehr als nur die Erfüllung ihrer explizit vorgegebenen Aufgaben und die Einhaltung von Regeln und Vorschriften erfordern, sind Organisationen zunehmend darauf angewiesen, dass Mitarbeiter sich über das ausdrücklich Geforderte hinaus engagieren und Unannehmlichkeiten tolerieren.

Die Bereitschaft hierzu dürfte bei einer entsprechenden emotionalen Verbundenheit mit der Organisation größer sein, als wenn die Beziehung als unwichtig erlebt wird. Geht man davon aus, dass vor diesem Hintergrund Zufriedenheit eine immer schwieriger zu erreichende Zielgröße ist, könnte sich der Focus auf Commitment und Identifikation der Mitarbeiter verlagern. Dahinter verbirgt sich die Sichtweise, dass es sich bei Commitment um eine in ihrer Wirkung über Zufriedenheit hinausgehende, positive emotionale Einstellung zum Unternehmen handelt.

In den folgenden Kapiteln werden einschlägige Befunde zu den Auswirkungen von Zufriedenheit und Commitment sowie zu den jeweiligen Bedingungsfaktoren vorgestellt. In **Abbildung 5.6** sind die zentralen Bedingungsfaktoren und Konsequenzen von Arbeitszufriedenheit und Commitment als Übersicht dargestellt. Untersucht wurde auch der direkte Zusammenhang zwischen Zufriedenheit und Commitment. Hierzu liegen mittlerweile Befunde aus unterschiedlichen Meta-Analysen vor. Insgesamt zeigt sich somit eine hohe Übereinstimmung zwischen affektivem Commitment und Arbeitszufriedenheit, die sich insbesondere auf emotionale Bewertung der Arbeit als gemeinsame Grundlage zurückführen lässt (Mathieu & Zajac, 1990; Meyer et al. 2002; Tett, & Meyer, 1993).

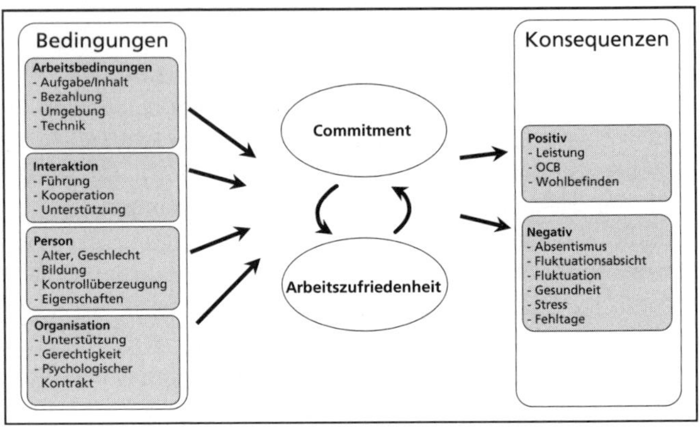

Abb. 5.6: Bedingungen und Konsequenzen von Commitment und Arbeitszufriedenheit

5.5.3 Konsequenzen von Arbeitszufriedenheit und Commitment

Die untersuchten Konsequenzen von Arbeitszufriedenheit und Commitment lassen sich in zwei Bereiche unterteilen (s. **Abb. 5.6**): das Ausmaß erwünschter positiver Auswirkungen wie Leistung, OCB und neuerdings auch Kundenzufriedenheit auf der einen und das Ausbleiben negativer Verhaltensweisen wie Absentismus und Fluktuation auf der anderen Seite. Einen Überblick über die mittlerweile zahlreichen Meta-Analysen in diesem Bereich liefern Six und Six-Materna (2011).

Judge, Bono, Thoresen und Patton (2001) haben eine umfangreiche Meta-Analyse mit 312 Stichproben und insgesamt 54 417 teilnehmenden Personen zum Zusammenhang von Arbeitszufriedenheit und *Leistung* durchgeführt. Im Einklang mit früheren Befunden wurde ein Zusammenhang von .30 für globale Arbeitszufriedenheit ermittelt. Zusätzlich wurden Moderatoreffekte überprüft. So zeigten sich tendenziell höhere durchschnittliche Zusammenhänge, wenn die Arbeitszufriedenheit ausschließlich als globales Maß erhoben wurde ($\rho = .35$), die Leistungen nicht von unabhängiger oder objektiver Seite erfasst wurden und signifikante Unterschiede, wenn die Arbeit anspruchsvoller und komplexer war ($\rho = .52$). Auch zeigten sich Unterschiede zwischen Berufsgruppen. Bei Krankenschwestern wurden signifikant niedrigere Korrelationen gefunden ($\rho = .19$) als bei akademischen Berufsgruppen oder Managern ($\rho = .45$).

Bemerkenswert ist auch die Meta-Analyse von Harter, Schmidt und Hayes (2002), die den Zusammenhang von Leistungsmaßen (Produktivität, Profitabilität) und allgemeiner Arbeitszufriedenheit nicht nur auf der Ebene einzelner Mitarbeiter, sondern auf der Ebene von 2600 Organisationseinheiten untersucht haben. Der Zusammenhang zwischen den für die einzelnen Unternehmenseinheiten ermittelten durchschnittlichen Leistungs- und Zufriedenheitsmaße beträgt für Produktivität $\rho = .20$ und Profitabilität $\rho = .15$. Für Commitment wird in der Meta-Analyse von Cooper-Hakim und Viswesvaran (2005) auf der Basis von 63 Stichproben und 14 000 Befragten ein Zusammenhang zwischen affektivem organisationalem Commitment und Leistung von $\rho = .27$ berichtet. Der Zusammenhang zu kalkulatorischem Commitment ist hier mit $\rho = -.12$ eindeutig negativ. Das bedeutet, dass die Leistung bei höherem kalkulatorischen Commitment eher geringer ausfällt als bei niedrigerem kalkulatorischen Commitment.

Grundsätzlich ist bei der Einschätzung der Zusammenhänge zu berücksichtigen, dass Leistung in nicht unerheblichem Maße von Faktoren abhängt, die außerhalb der Person des Mitarbeiters zu suchen sind und letztlich zu kontraintuitiven Zusammenhängen führen. Zum Beispiel kann es durchaus vorkommen, dass es Mitarbeitern, die zufrieden sind und über ein hohes Commitment verfügen, aus verschiedensten Gründen nicht gelingt, besonders hohe Leistungen zu erbringen. Umgekehrt lassen unzufriedene Mitarbeiter mit geringem Commitment aufgrund starker Kontrolle oder aus Angst vor Sanktionen nicht in ihren Leistungen nach (Six & Felfe, 2004).

Diese Überlegungen machen deutlich, dass sowohl für Commitment als auch für Arbeitszufriedenheit keine zu hohen Zusammenhänge zur Leistung erwartet werden dürfen.

OCB unterliegt weit weniger den genannten Einschränkungen. Damit bietet sich OCB als eine erfolgsrelevante Leistungskategorie an, die stärker von Zufriedenheit und Commitment abhängt (Bateman & Organ, 1983; Organ & Paine, 1999). Unzufriedene Mitarbeiter können auf OCB verzichten, ohne negative Sanktionen befürchten zu müssen. Entsprechend können sich Mitarbeiter verstärkt in OCB engagieren, auch wenn die Möglichkeiten unmittelbarer Leistungssteigerung im herkömmlichen Sinne begrenzt sind. Organ und Ryan (1995) kommen in ihrer Meta-Analyse zu dem Ergebnis, dass Conscientiousness als Subdimension von OCB zu $\rho = .28$ mit Arbeitszufriedenheit und zu $\rho = .32$ mit Commitment korreliert ist. In der Meta-Analyse von Meyer et al. (2002) korrelieren affektives Commitment und OCB zu $\rho = .32$ in gleicher Größenordnung. Allerdings wurden hier zusätzlich bedeutsame Moderatoren identifiziert. Wurde OCB durch den Vorgesetzten eingeschätzt, lag der Zusammenhang mit $\rho = .27$ niedriger als bei selbst eingeschätztem OCB ($\rho = .37$). Kalkulatorisches Commitment hingegen korreliert nicht oder negativ mit OCB. Damit liegen für Commitment zunächst etwas höhere Zusammenhänge zu OCB als für Arbeitszufriedenheit vor.

Inwieweit lässt sich ein Zusammenhang zwischen der Zufriedenheit und Bindung der Mitarbeiter und der *Kundenzufriedenheit* bzw. Bindung nachweisen? Hierfür gibt es einige empirische Belege. In einer vergleichsweise frühen Untersuchung in Banken von Schneider und Bowen (1985) zeigte sich ein Zusammenhang zwischen intern erlebter Kundenorientierung im Sinne eines positiven Organisationsklimas und der externen Wahrnehmung durch Kunden. Wenn die eigene Firma von den Mitarbeitern im Personalbereich als »dienstleistungsorientiert und fair« eingeschätzt wurde, äußerten sich auch die Kunden eher zufrieden, attestierten qualitativ hochwertige Dienstleistungen und zeigten weniger Fluktuationsneigung. In einer Längsschnittstudie in einer Fast-Food-

Kette konnten innerhalb eines Jahres stabile Zusammenhänge zwischen Mitarbeiter- und Kundenzufriedenheit gefunden wurden (Bernhardt, Donthu & Kennett, 2000).

Auch in der Meta-Analyse von Harter et al. (2002) wurden auf der Basis von 2940 Organisationseinheiten unterschiedlicher Branchen positive Zusammenhänge zwischen Arbeitszufriedenheit und Zufriedenheitsmerkmalen der Kunden ermittelt (ρ = .32). Seit kurzem liegen auch deutsche Studien vor, die diesen Zusammenhang bestätigen (Korunka, Scharitzer & Sonnek, 2003; Krause & Dunckel, 2003). Allen und Grisaffe (2001) postulieren ebenfalls einen Zusammenhang zwischen Commitment der Mitarbeiter und der Bindung der Kunden an die Produkte oder Dienstleistungen eines Unternehmens. Dieser Zusammenhang wird auch als »Loyality Link« bezeichnet. Ostroff (1992) konnte im Schulkontext einen Zusammenhang zwischen dem Commitment der Lehrer und der Zufriedenheit der Schüler (r = .45), der Abbrecherquote (r = –.17) sowie der Anwesenheitsrate (r = .24) zeigen. In einer Studie im Einzelhandel zeigte sich ebenfalls ein systematischer Zusammenhang zwischen affektivem organisationalen Commitment und Kundenzufriedenheit von r = .23 (Herz, Beck & Felfe 2009). Damit kann der Zusammenhang von Kunden- und Mitarbeiterzufriedenheit als gesichert gelten. Allerdings weisen erste Befunde auch auf bedeutsame Zusammenhänge zwischen Commitment der Mitarbeiter und die Kundenzufriedenheit hin.

Im Gegensatz zur Arbeitsleistung, Kundenzufriedenheit und OCB als positiven Konsequenzen von Arbeitszufriedenheit und Commitment werden im Folgenden Zusammenhänge zu negativen Konsequenzen berichtet. In einer älteren Meta-Analyse berichtet Spector (1985 b) einen Zusammenhang zwischen Zufriedenheit und Fluktuationsabsicht bzw. Turnover von ρ = –.42 bzw. ρ = –.20. Affektives organisationales Commitment korreliert im Durchschnitt zu ρ = –.56 mit der *Kündigungsabsicht* und zu ρ = –.17 mit tatsächlichem Fluktuationsverhalten (Meyer et al., 2002). Cooper-Hakim und Viswesvaran (2005) berichten mit ρ = –.56 bzw. ρ = –.20 ähnliche Werte.

Absentismus verursacht erhebliche direkte Kosten für jede einzelne Organisation. Daher besteht ein großes Interesse,

Ursachen von Absentismus zu erkennen und geeignete Gegenmaßnahmen zu ergreifen. In gleicher Weise, wie Leistung nicht allein durch Zufriedenheit oder Commitment gesteigert werden kann, lassen sich auch Absentismus und Fluktuation nur teilweise auf unterschiedliche Einstellungen zurückführen. So fällt auch der Zusammenhang zwischen Arbeitszufriedenheit und Absentismus eher gering aus. Spector (1985 b) ermittelte einen Zusammenhang von $\rho = -.12$. Auch der Zusammenhang zwischen Commitment und Absentismus ist mit $\rho = -.15$ eher gering (Meyer et al., 2002).

In der Literatur gibt es deutliche Hinweise auf positive Zusammenhänge zwischen Zufriedenheit und psychischer wie physischer *Gesundheit.* Wright und Cropanzo (2000) berichten Korrelationen von $r = .10$ bis .35 für den Zusammenhang von Arbeitszufriedenheit und psychologischem Wohlbefinden. Mein, Martikainen, Stansfeld, Brunner, Fuhrer und Marmot (2000) konnten in einer groß angelegten Längsschnittstudie (Whitehall II) mit über 2500 Angestellten im öffentlichen Dienst zeigen, dass der Anteil der Frühpensionierungen in der Gruppe der allgemein Arbeitsunzufriedenen doppelt so hoch ausfiel wie bei der Gruppe der Arbeitszufriedenen. Der hohe Einfluss der Arbeitszufriedenheit blieb auch bestehen, wenn andere Faktoren wie z. B. die wahrgenommene Gesundheit oder der Beschäftigungsstatus kontrolliert wurden. Meyer et al. (2002) fanden einen negativen Zusammenhang zwischen Stresserleben und affektivem Commitment in Höhe von $\rho = -.21$ und gleichzeitig zeigen, dass kalkulatorisches Commitment positiv mit subjektivem Stress korreliert ($\rho = .14$). Lee, Carsfeld und Allen (2000) ermittelten für Commitment gegenüber dem Beruf bzw. der Tätigkeit und emotionaler Erschöpfung, reduziertes Leistungsvermögen und Depersonalisation folgende Zusammenhänge $\rho = -.44$, $\rho = -.43$ bzw. $\rho = -.37$.

Abschließend soll auf eine neuere Studie von Schmidt (2006) hingewiesen werden, in die 111 Veranlagungsstellen einer Finanzbehörde mit insgesamt über 2100 Mitarbeitern einbezogen wurden. Hier werden die Steuererklärungen bearbeitet. Das sollte möglichst zügig und fehlerfrei geschehen. Die

Ergebnisse zeigen: Je höher das Commitment in den Veranlagungsstellen war, umso geringer waren die Anfechtungsquote (r = –.26) und die Durchlaufzeiten (r = –.24) in den Veranlagungsstellen. Außerdem gab es in den Veranlagungsstellen mit hohem Commitment weniger gesundheitliche Beeinträchtigungen (r = –.40). Die Bedeutung der Korrelationen wird besonders offensichtlich, wenn man zusätzlich die Leistungskennziffern für unterschiedliche Gruppen betrachtet. Hierzu hat Schmidt (2006) die Veranlagungsstellen in vier gleich große Gruppen unterteilt. Vergleicht man die Anfechtungsquote in der Gruppe mit den höchsten Commitment-Werten (mit den Werten der Gruppe mit dem niedrigsten Commitment, zeigt sich ein um ca. 18 % erhöhter Wert. Die Durchlaufzeiten liegen in der Gruppe mit niedrigen Commitment-Werten um ca. 14 % höher.

5.5.4 Bedingungsfaktoren von Arbeitszufriedenheit und Commitment

Als Bedingungsfaktoren für Arbeitszufriedenheit und Commitment sind vor allem Merkmale der Arbeit und der Organisation, Führung und Mitarbeitermerkmale untersucht worden. In zahlreichen Studien wurde insbesondere die Bedeutung des *Arbeitsinhalts* als wesentliche Bedingung für Arbeitszufriedenheit herausgestellt. Einen Überblick über die mittlerweile zahlreichen Meta-Analysen in diesem Bereich liefern Six und Six-Materna (2011).

Fried und Ferris (1987) ermittelten in einer Meta-Analyse durchschnittliche Korrelationen von ρ = .20 für den Arbeitsinhalt, ρ = .34 für Autonomie und ρ = .45 für den Gesamtscore (job scope) auf der einen und Arbeitszufriedenheit auf der anderen Seite. Felfe, Schmook und Six (2006) ermittelten ebenfalls einen Zusammenhang von r = .44 zwischen affektivem Commitment und einem interessanten und abwechslungsreichen Arbeitsinhalt sowie der Möglichkeit, selbständig entscheiden zu können.

Von ähnlicher Bedeutung sind die *Partizipationsmöglichkeiten*. In einer Meta-Analyse mit 124 Studien fanden Wagner,

Leana, Locke und Schweiger (1997) einen durchschnittlichen Zusammenhang von $\rho = .30$ zwischen Partizipation und Zufriedenheit. Arbeitsbedingungen spielen offenbar auch eine wichtige Rolle für die Entstehung von Commitment. Hier zeigt sich sogar ein etwas stärkerer durchschnittlicher Zusammenhang zwischen Commitment und Merkmalen der Arbeitsaufgabe (job scope) von $\rho = .50$ als für Arbeitszufriedenheit (Mathieu & Zajac, 1990). Umgekehrt fanden Meyer et al. (2002) für Rollenkonflikte und Rollenambiguität vergleichsweise negative Zusammenhänge von $\rho = -.30$ bzw. $\rho = -.29$.

Neben den Merkmalen der Arbeitsaufgabe hat sich die Qualität der *Mitarbeiterführung* als weitere wichtige Bedingung für Arbeitszufriedenheit und Commitment herauskristallisiert. Bei deutschen Stichproben korrelierte transformationale Führung mit Arbeitszufriedenheit etwas höher als mit Commitment ($r = .36$ bzw. $r = .31$; Felfe, 2006). Meyer et al. (2002) ermittelten in ihrer aktuellen Meta-Analyse einen durchschnittlichen Zusammenhang von $\rho = .46$ zwischen Commitment und transformationaler Führung.

Neben den unmittelbaren Arbeitsbedingungen und dem Führungsverhalten des Vorgesetzten erweisen sich Merkmale der Organisation als wichtige Einflussgrößen für Commitment. Meyer et al. (2002) ermittelten durchschnittliche Zusammenhänge zwischen Commitment und *organisationaler Unterstützung* von $\rho = .63$ und zu unterschiedlichen Maßen von *Gerechtigkeit* (prozedural, $\rho = .38$, distributiv, $\rho = .40$ und interaktional $\rho = .50$). Keinen Unterschied scheint hingegen die Art des Beschäftigungsverhältnisses zu machen. Thorsteinson (2003) fand in seiner Meta-Analyse, dass sich Teilzeit- und Vollzeitbeschäftigte weder in Bezug auf ihr Commitment noch hinsichtlich ihrer Arbeitszufriedenheit unterscheiden.

Merkmale der arbeitenden Personen stehen auch in Zusammenhang mit der Arbeitszufriedenheit. Während ältere Mitarbeiter zufriedener sind als jüngere ($\rho = .22$; Brush, Mock & Pooyan, 1987; Clark, Oswald & Warr, 1996). Commitment steigt ebenfalls mit dem *Alter* an. Die gefundenen Zusammenhänge sind allerdings auch hier moderat: $\rho = .20$ (Mathieu & Zajac, 1990) und $\rho = .15$ (Meyer et al., 2002). Als ursächlich werden hier Sozialisations- und Selektionsprozesse angeführt. Das *Bildungsniveau* korreliert offenbar negativ mit Commitment. Möglicherweise gehen die bei höherem Bildungsniveau größeren Chancen, den Arbeitsplatz zu wechseln, mit geringerem Commitment einher. Die vergleichsweise stärksten, wiewohl absolut sehr geringen, negativen Zusammenhänge werden für kalkulatorisches Commitment mit $\rho = -.11$ berichtet (Meyer et al., 2002). Insofern scheint insgesamt die wirtschaftliche Abhängigkeit bzw. Unabhängigkeit vor allem das kalkulatorische Commitment zu beeinflussen.

Darüber hinaus bestehen Zusammenhänge zwischen Arbeitszufriedenheit und *Persönlichkeitsmerkmalen.* Entsprechende Zusammenhänge werden für Selbstwert ($\rho = .26$), Selbstwirksamkeitserwartung ($\rho = .45$), Kontrollüberzeugung ($\rho = .32$; Judge & Bono, 2001) und zu einzelnen Big-Five-Dimensionen berichtet. Die durchschnittlichen Korrelationen mit Arbeitszufriedenheit betragen für Neurotizismus $\rho = -.29$, für Extraversion $\rho = .25$, für Conscientiousness $\rho = .26$. und für Agreeableness $\rho = .17$ (Judge, Heller & Mount, 2002). Ilies und Judge (2003) fanden allerdings, dass Affektivität insgesamt (positive und negative Affektivität) Arbeitszufriedenheit in einem höheren Maße vorhersagt ($r = .55$) als die Big Five mit einem Gesamtzusammenhang von $r = .41$. Auch Commitment weist systematische Beziehungen zu Persönlichkeitsmerkmalen auf. Meyer et al. (2002) berichten Zusammenhänge zur internalen Kontrollüberzeugung ($\rho = .29$) und Selbstwirksamkeitserwartung ($\rho = .11$).

Bezüglich der Antezedenzen lässt sich zusammenfassend festhalten, dass insbesondere Führung und der Arbeitsinhalt die Zufriedenheit und Commitment gleichermaßen determinieren. Gemeinsamkeiten gibt es auch bei Persönlichkeitsmerkmalen wie Selbstwirksamkeit und Kontrollüberzeugung, die sowohl mit Arbeitszufriedenheit als auch mit Commitment positiv korreliert sind.

Zusammenfassung

In diesem Kapitel ging es um die Frage, wie sich Arbeitszufriedenheit, Commitment und Motivation auf die Leistung der Mitarbeiter auswirken. Ausführlich dargestellt wurden die unterschiedlichen Modelle der Arbeitszufriedenheit und Konzepte der Bindung und Motivation mit der jeweiligen empirischen Befundlage. Als Leistungsmaß wurde auf die besondere Bedeutung von OCB hingewiesen.

Fragen zur Selbstüberprüfung

1. Warum sind die insgesamt hohen Arbeitszufriedenheitswerte zum Teil artefaktverdächtig und welche Erklärungen gibt es dafür?
2. Was versteht man unter resignativer Zufriedenheit und welche Bedeutung hat sie?
3. Warum werden welche Komponenten und Foci von Commitment unterschieden?
4. Was sind die Gemeinsamkeiten und Unterschiede von organisationalem Commitment und organisationaler Identifikation?
5. Welche Konsequenzen von Commitment sind empirisch nachgewiesen worden?
6. Was sind die wichtigsten Bedingungsfaktoren von Commitment?

Ausblick

Nachdem in diesem ersten Band die grundlegende Bedeutung unterschiedlicher Aspekte der Arbeit für das Erleben und Verhalten der Beschäftigten vermittelt wurde, geht es im zweiten Band um das Thema Personalentwicklung mit den beiden Bereichen Personalauswahl und Aus- und Weiterbildung sowie Mitarbeiterführung, Organisationsentwicklung und interkulturelles Management.

Literatur

Adams, J. S. (1963). Toward an understanding of inequity. *Journal of Abnormal and Social Psychology,* 67, 422–436.

Adams, J. S. (1965). Inequity in social exchange. In L. Berkowitz (Ed.), *Advances in Experimental Social Psychology,* Vol. 2 (pp. 267–299). New York: Academic Press.

Alderfer, C. (1972). *Existence, relatedness, & growth.* New York: Free Press.

Allen, N. J. & Grisaffe, D. B. (2001). Employee commitment to the organization and customer reactions; Mapping the linkages. *Human Resource Management Review,* 11, 209–236.

Allen, N. J. & Meyer, J. P. (1990). The measurement and antecedents of affective continuance and normative commitment to the organization. *Journal of Occupational Psychology, 63,* 1–18.

Antoni, C. & Bungard, W. (2004). Arbeitsgruppen. In H. Schuler (Hrsg.), *Organisationspsychologie 2 – Gruppe und Organisation. Enzyklopädie der Psychologie,* Bd. D/III/4 (S. 129–192). Göttingen: Hogrefe.

Argyris, C. (1957). *Personality and Organization.* New York: Harper Collins.

Argyris, C. (1964). *Integrating the individual and the organization.* New York: Wiley.

Aronson (2008). *Sozialpsychologie.* München: Pearson.

Asch, S. E. (1955). Opinions and social pressure. *Scientific American,* 193, 31–35.

Atkinson, J. W. (1975*). Einführung in die Motivationsforschung.* Stuttgart: Klett.

Atwater, L. E. & Brett, J. F. (2005). Antecedents and consequences of reactions to 360-degree feedback. *Journal of Vocational Behavior,* 66, 532–548.

Baker, K., Olson, J., & Morisseau, D. (1994). Work Practices, Fatigue, and Nuclear Power. Plant Safety Performance. *Human Factors,* 36 (2), 244–257.

Baltes, B. B., Briggs T. E., Huff, J. W., Wright, J. A. & Neuman, G. A. (1999). Flexible and compressed workweek schedules: A meta-analysis of their effects on work-related criteria. *Journal of Applied Psychology,* 84(4), 496–513.

Bamberg, E. & Busch, C. (1996). Betriebliche Gesundheitsförderung durch Stressmanagementtraining. Eine Metaanalyse (quasi-)experimenteller Studien. *Zeitschrift für Arbeits- und Organisationspsychologie*, 40, 127–137.

Bamberg, E., Ducki, A. & Metz, A.M. (2011) (Hrsg.). *Handbuch Betriebliche Gesundheitsförderung. Arbeits- und Organisationspsychologische Methoden und Konzepte.* Göttingen: Hogrefe.

Baron, R.S., Kerr, N. & Miller, N. (1993). *Group process, group descision, group action.* Milton Keynes: Open University Press.

Barrick, M.R., Mount, M.K. & Judge, T.A. (2001). Personality and performance at the beginning of the new millennium: What do we know and where do we go next? *International Journal of Selection & Assessment*, 9, 9–30.

Bateman, T.S. & Crant, J.M. (1993). The proactive component of organizational behavior: A measure and correlates. *Journal of Organizational Behavior,* 14, 103–118.

Bateman, T.S. & Organ, D.W. (1983). Job satisfaction and the good soldier: The relationship between affect and employee citizenship. *Academy of Management Journal*, 26, 587–595.

Becker, H. (1960). Notes on the concept of commitment. *American Journal of Sociology,* 66, 32–44.

Becker, T.E. (1992). Foci and bases of commitment: Are they distinctions worth making? *Academy of Management Journal,* 35, 232–244.

Becker, T.E., Billings, R.E., Eveleth, D.M. & Gilbert, N.W. (1996). Foci and bases of commitment: Implications for performance. *Academy of Management Journal,* 39, 464–482.

Bentein, K., Stinglhamber, F. & Vanderberghe, C. (2002). Organization-, supervisor-, and work group-directed commitments and citizenship behaviors: A comparison of models. *European Journal of Work and Organization Psychology,* 11, 341–362.

Bernhardt, K.L., Donthu, N. & Kennett, P.A. (2000). A longitudinal analysis of satisfaction and profitability. *Journal of Business Research*, 47, 161–171.

Borkenau, P., Egloff, B., Eid, M., Hennig, J., Kersting, M., Neubauer, A. & Spinath, F.M. (2005). Persönlichkeitspsychologie: Stand und Perspektiven. *Psychologische Rundschau, 56*, 271–290.

Bruggemann, A., Groskurth, P. & Ulich, E. (1975). *Arbeitszufriedenheit.* Bern: Huber.

Brush, D., Mock, M. & Pooyan A. (1987). Individual demographic differences and job satisfaction. *Journal of Occupational Behavior,* 8, 139–55.

Buchinger, K. (2004). Gruppenarbeit und Teamarbeit in Organisationen. Ideologie und Realität. In: C.O. Velmerig, K. Schattenhofer, C. Schrapper (Hrsg.), *Teamarbeit. Konzepte und Erfahrungen – eine gruppendynamische Zwischenbilanz.* Weinheim/München: Juventa.

Bühler, W. & Siegert, T. (1999) (Hrsg.), Unternehmenssteuerung und Anreizsysteme. Stuttgart: Schäffer-Poeschel.

Campbell, J. P., McCloy, R. A., Oppler, S. H. & Sager, C. E. (1993). A theory of performance. In: J. Schmitt & W. C. Borman (Eds.). *Personnel Selection in Organizations* (pp. 35–69). San Francisco: Jossey-Bass.

Campbell, D. & Pritchard, R. (1976). Motivation theory in industrial and organizational psychology. In M. D. Dunnette (Ed.), *Handbook of industrial and organizational psychology* (pp 63–130). Chicago: Rand McNally.

Clark, A., Oswald, A. & Warr, P. (1996). Is job satisfaction U-shaped in age? *Journal of Occupational and Organizational Psychology,* 69, 57–81.

Clugston, M., Howell, J. P. & Dorfman, P. W. (2000). Does cultural socialization predict multiple bases and foci of commitment? *Journal of Management,* 26, 5–30.

Coch, L. & French, J. R. P. (1948). Overcoming resistance to change. *Human Relations,* 1(4), 512–532.

Coleman, V. I. & Borman, W. C. (2000). Investigating the underlying structure of the citizenship performance domain. *Human Resource Management Review,* 10, 25–44.

Cooper-Hakim, A. & Viswesvaran, C. (2005). The construct of work commitment: Testing an integrative framework. *Psychological Bulletin,* 131, 241–259.

Csikszentmihalyi, M. (1975). *Beyond Boredom and Anxiety: Experiencing Flow in Work and Play.* San Francisco: Jossey-Bass.

Drucker, P. F. (1954). *The Practice of Management.* New York: Harper Brothers.

Ducki, A. (2000). *Diagnose gesundheitsförderliche Arbeit. Eine Gesamtstrategie zur betrieblichen Gesundheitsanalyse* (Schriftenreihe MTO. Bd. 25. Hrsg. Eberhard Ulich). Zürich: vdf Hochschulverlag.

Ducki, A., Niedermeier, R., Pleiss, C., Lüders, E., Leitner, K., Greiner, B. & Volpert, W. (1999). *Büroalltag unter der Lupe.* Göttingen: Hogrefe.

Dunckel, H. (1986). Handlungstheorie. In G. Rexilius & S. Grubitzsch (Hrsg.), *Psychologie. Theorien – Methoden – Arbeitsfelder. Ein Grundkurs* (S. 533–556). Reinbek bei Hamburg: Rowohlt.

Dunckel, H. (1999). *Handbuch psychologischer Arbeitsanalyseverfahren.* Göttingen: Hogrefe.

Dunckel, H., Volpert, W., Zölch, M., Kreutner, U., Pleiss, C., Hennes, K., Oesterreich, R. & Resch, M. (1993). *Kontrastive Aufgabenanalyse im Büro. Der KABA-Leitfaden. Grundlagen und Manual.* Zürich: vdf Hochschulverlag.

Emery, F. & Thorsrud, E. (1982). Industrielle Demokratie. Bern: Huber.

Erez, M. & Somech, A. (1996). Group productivity loss – The rule or the exception: The effects of culture and group based motivation. *Academy of Management Journal*, 39, 1513–1537.

Fahrenberg, J. (1975). Die Freiburger Beschwerdenliste (FBL). *Zeitschrift für Klinische Psychologie,* 4, 79–100.

Fay, D. & Frese, M. (2001). The concept of personal initiative: An overview of validity studies. *Human performance,* 14, 97–124.

Feather, N.T. (1982). Expectancy-value approaches: Present status and future directions. In N.T. Feather (Ed.), *Expectations and actions: Expectancy-value models in psychology* (pp. 395–420). Hillsdale, NJ: Erlbaum.

Felfe, J. (1992). *TPK-Training pädagogischer Kompetenzen zur Vermittlung fachübergreifender Qualifikationen in der Berufsausbildung.* Frankfurt/Main: Verlag Peter Lang.

Felfe, J. (2006 a). Validierung einer deutschen Version des »Multifactor Leadership Questionnaire« (MLQ 5 X Short) von Bass und Avolio (1995). *Zeitschrift für Arbeits- und Organisationspsychologie, 50,* 61–78.

Felfe, J. (2006 b). Transformationale und charismatische Führung – Stand der Forschung und aktuelle Entwicklungen. *Zeitschrift für Personalpsychologie, 5,* 163–176.

Felfe, J. (2007). Besonderes Engagement bei der Arbeit. In H. Schuler & K.-H. Sonntag (Hrsg.), *Handbuch der Arbeits- und Organisationspsychologie* (S. 246–253). Göttingen: Hogrefe.

Felfe, J. (2008). *Mitarbeiterbindung.* Göttingen: Hogrefe.

Felfe, J. & Franke, F. (2012). *Commit. Fragebogen zur Erfassung von Commitment gegenüber Organisation, Team, Führungskraft, Beruf/Tätigkeit, und Beschäftigungsform.* Bern: Huber.

Felfe, J. & Liepmann, D. (2008). *Organisationsdiagonistik.* Göttingen: Hogrefe.

Felfe, J., Schmook, R., Schyns, B. & Six, B. (2008). Does the form of employment make a difference? Commitment of traditional, temporary, and self-employed workers. *Journal of Vocational Behavior,* 72, 81–94.

Felfe, J., Schmook, R. & Six, B. (2006). Die Bedeutung kultureller Wertorientierungen für das Commitment gegenüber der Organisation, dem Vorgesetzten, der Arbeitsgruppe und der eigenen Karriere. *Zeitschrift für Personalpsychologie,* 5, 94–107.

Felfe, J. & Six, B. (2006). Die Relation von Arbeitszufriedenheit und Commitment. In L.Fischer (Hrsg.), *Arbeitszufriedenheit* (S. 37–60). Göttingen: Hogrefe.

Felser, G. (2007). *Werbe- und Konsumentenpsychologie*. Heidelberg: Spektrum Akademischer Verlag.

Festinger, L. (1957). *A theory of cognitive dissonance*. Stanford, CA: Stanford University Press.

Fischer, L. (1997). Messung der Arbeitszufriedenheit und Ergebnisse empirischer Forschungen. In H. Luczak & W. Volpert (Hrsg.), *Handbuch Arbeitswissenschaft* (S. 271–275). Stuttgart: Schäffer-Poeschel.

Fischer, L. & Lück, H. E. (1972). Entwicklung einer Skala zur Messung von Arbeitszufriedenheit (SAZ). *Psychologie und Praxis,* 16, 64–76.

Fleishman, E. A. (1953). Leadership climate and human relations training. Personnel Psychology, 6, 205–222.

Fleishman, E. A. (1973). Twenty Years of Consideration and Structure. In E. A. Fleishman & J. G. Hunt (Eds.), *Current Developments in the Study of Leadership* (pp. 1–37). Carbondale, IL.

Franke, F. & Felfe, J. (2008). Commitment und Identifikation in Organisationen: Ein empirischer Vergleich beider Konzepte. *Zeitschrift für Arbeits- und Organisationspsychologie*, 52(3), 135–146.

Frese, M., Fay, D., Hilburger, T., Leng, K. & Tag, A. (1997). The concept of personal initiative: Operationalization, reliability and validity in two German samples. *Journal of Organizational and Occupational Psychology*, 70, 139–161.

Frese, M. & Semmer, N. (1986). Shiftwork, stress, and psychosomatic complaints: A comparison between workers in different shiftwork schedules, non-shiftworkers, and former shiftworkers. *Ergonomics,* 29(1), 99–114.

Fried, Y. & Ferris, G. R. (1987). The validity of the job characteristics model: A review and metaanalysis. *Personnel Psychology, 40,* 287–322.

Frieling, E., Facaoaru, C., Benedix, J., Pfaus, H. & Sonntag, K. H. (1993). *TAI – Tätigkeitsanalyseinventar*. Landsberg: ecomed.

Frieling, E. & Hoyos, C. (1978). *Fragebogen zur Arbeitsanalyse. Deutsche Bearbeitung des »Position Analysis Questionnaire (PAQ)«*. Bern: Huber.

Frieling, E. & Sonntag, K (1999). *Lehrbuch der Arbeitspsychologie*. Göttingen: Huber.

Garst, H., Frese, M. & Molenaar, P. C. M. (2000). The temporal factor of change in stressor-strain relationships: A growth curve model on a longitudinal study in East Germany. *Journal of Applied Psychology*, 85(3), 417–438.

Gebert, D. & von Rosenstiel, L. (1996). *Organisationspsychologie: Person und Organisation*. Stuttgart: Kohlhammer.

Giese, F. (1927). Methoden der Wirtschaftspsychologie. In: E. Abderhalden (Hrsg.), *Handbuch der biologischen Arbeitsmethoden (Abt. VI, Teil C II)*. Berlin: Urban & Schwarzenberg.

Gilbreth, F.B. (1911). *Motion Study: A Method for Increasing the Efficiency of the Workman*. New York, NY: D. Van Nostrand.

Graf, O. (1970). Arbeitszeit und Arbeitspausen. In A. Mayer & B. Herwig (Hrsg.), *Betriebspsychologie* (Handbuch der Psychologie, 9. Band, S. 264). Göttingen. Hogrefe.

Greif, S. (1991). *Psychischer Streß am Arbeitsplatz*. Göttingen: Hogrefe.

Griffin, M.A., Patterson, M.G. & West, M.A. (2001). Job satisfaction and teamwork: the role of supervisor support. *Journal of Organizational Behavior*, 22(5), 537–550.

Grote, G., Wäfler, T. & Weik, S. (1997). KOMPASS: Eine Methode für die komplementäre Analyse und Gestaltung von Produktionsaufgaben in automatisierten Arbeitssystemen. In O. Strohm & E. Ulich (Hrsg.), *Unternehmen arbeitspsychologisch bewerten – Ein Mehr-Ebenen-Ansatz unter besonderer Berücksichtigung von Mensch, Technik und Organisation, Schriftenreihe Mensch – Technik – Organisation*, Band 10 (S. 259–280). Zürich: vdf Hochschulverlag.

Hacker, W. (1998): *Arbeitspsychologie – Psychische Regulation von Arbeitstätigkeiten*. Bern: Huber.

Hacker, W. (1994). Action theory and occupational psychology. Review of German empirical research since 1987. *The German Journal of Psychology*, 18, 91–120.

Hacker, W., Iwanowa, A. & Richter, P. (1983). *Tätigkeitsbewertungssystem (TBS)*. Berlin: Psychodiagnostisches Zentrum (HUB).

Hacker, W. & Richter, P. (1980). Psychologische Bewertung von Arbeitsgestaltungsmaßnahmen – Ziele und Bewertungsmaßstäbe. In W. Hacker (Hrsg.), *Spezielle Arbeits- und Ingenieurspsychologie in Einzeldarstellungen*. Berlin: VEB Deutscher Verlag der Wissenschaften.

Hackett, R.D., Bycio, P. & Hausdorf, P.A. (1994). Further assessments of Meyer and Allen's (1991) three-component model of organizational commitment. *Journal of Applied Psychology*, 79, 15–23.

Hackman, J., Oldham, G. (1975). Development of the Job Diagnostic Survey. *Journal of Applied Psychology*, 60(2), 15–23.

Hackman, J. & Oldham, G. (1980). *Work Redesign (Organization Development)*. Upper Saddle River NJ: Prentice Hall.

Haney, C., Banks, W.C. & Zimbardo, P.G. (1973). Interpersonal dynamics in a simulated prison. *International Journal of Criminology and Penology*, 1, 69–97.

Harter, J.K., Schmidt, F.L. & Hayes, T.L. (2002). Business-unit level relationship between employee satisfaction, employee engagement, and business outcomes: A meta-analysis. *Journal of Applied Psychology*, 87, 268–279.

Heckhausen, H. (1989). *Motivation und Handeln* (2. Aufl.). Berlin: Springer.

Heider, F. (1958). *The Psychology of Interpersonal Relations*. New York: Wiley.

Hemphill, J.K. & Coons A.E. (1957). Development oft the leader behavior description questionnaire. In R.M. Stogdill & A.E. Coons (Eds.), *Leader behavior: Its description and measurement*. Columbus, Ohio.

Herz, A., Beck, A. & Felfe, J. (2009). Organisationales Commitment als Mediator zwischen transformationaler Führung und Kundenzufriedenheit. *Wirtschaftspsychologie*, 11, 106–118.

Herzberg, F. (1966). *Work and the Nature of Man*. Cleveland: World Publishing Co.

Herzberg, F., Mausner, B. & Snyderman, B.B. (1959). *The motivation to work*. New York: Wiley.

Higgins, E.T. (1997). Beyond pleasure and pain. *American Psychologist*, 52, 1280–1300.

Highhouse, S., Zickar, M.J. & Yankelevich, M. (2010). Would you work if you won the lottery? Tracking changes in the American work ethic. *Journal of Applied Psychology*, 95, 349–357.

Hochschild, A.R. (1990). *Das gekaufte Herz. Zur Kommerzialisierung der Gefühle*. Frankfurt/M.: Campus.

Holmann, D. & Wall, T. (2002). Work characteristics, learning outcomes and strain: A test of competing direct effects, mediated and moderated models. *Journal of Occupational Health Psychology*, 7, 283–301.

Hyatt, D.E. & Ruddy, T.M. (1997). An examination of the relationship between work group characteristics and performance: Once more into the breach. *Personnel Psychology*, 50, 553–586.

Ilies, R. & Judge, T.A. (2003). On the heritability of job satisfaction: The mediating role of personality. *Journal of Applied Psychology*, 88, 750–759.

Imai, M. (1986). *Kaizen: The Key to Japanese Competitive Success*. New York: Random House.

Jahoda, M. (1981). Work, employment, and unemployment. Values, theories, and approaches in social research. *American Psychologist*, 36, 184–191.

Jahoda, M., Lazarsfeld, P. F. & Zeisel, H. (1933/1975). *Die Arbeitslosen von Marienthal. Ein soziographischer Versuch.* Allensbach/Bonn: Suhrkamp.

Janz, B. D., Colquitt, J. A. & Noe, R. A. (1997). Knowledge worker team effectiveness: The role of autonomy, interdependence, team development, and contextual support variables. *Personnel Psychology,* 50, 877–904.

Judge, T. A. & Bono, J. E. (2001). Relationship of core self-evaluations traits-self-esteem, generalized self-efficacy, locus of control, and emotional stability-with job satisfaction and job performance: A meta-analysis. *Journal of Applied Psychology,* 86, 80–92.

Judge, T. A., Bono, J. E., Ilies, R. & Gerhardt, M. W. (2002). Personality and leadership: A qualitative and quantitative review. *Journal of Applied Psychology,* 87, 765–780.

Judge, T. A., Heller, D. & Mount, M. K. (2002). Five-Factor model of personality and job satisfaction: A meta-analysis. *Journal of Applied Psychology,* 87, 530–541.

Judge, T. A. & Ilies, R. (2002). Relationship of personality and to performance motivation: A meta-analysis. *Journal of Applied Psychology,* 87, 797–807.

Judge, T. A., Thoresen, C. J., Bono, J. E. & Patton, G. K. (2001). The job satisfaction-job performance relationship: A qualitative and quantitative review. *Psychological Bulletin,* 127, 376–407.

Kahn, R. F. (1972). *Selected Essays on Employment and Growth.* Cambridge, Cambridge University Press.

Kanfer, R. (1990). Motivation theory and Industrial/Organizational psychology. In M. D. Dunnette and L. Hough (Eds.), *Handbook of industrial and organizational psychology. Volume 1. Theory in industrial and organizational psychology* (pp. 75–170). Palo Alto, CA: Consulting Psychologists Press.

Kaplan, R. S. & Norton, D. P. (1992). The Balanced Scorecard – Measures that Drive Performance. *Harvard Business Review,* (Jan/Feb), 71–79.

Karasek, R. A. (1979). Job demands, job decision latitude and mental strain: Implications for job redesign. *Administrative Science Quarterly,* 24, 385–408.

Karasek R. A. (1989). Control in the workplace and its health-related aspects. In S. L. Sauter, J. J. Hurrell & C. L. Cooper (eds.), *Job Control and Worker Health* (pp. 129–159). New York: Wiley.

Katz, D. & Kahn, R. L. (1966). *The social psychology of organizations.* New York: Wiley (2nd ed. 1978).

Kieser, A. & Kubicek, H. (1983). *Organisation,* 2. Aufl., Berlin/New York: de Gruyter.

Kirchler, E. (2011). *Wirtschaftspsychologie.* Göttingen: Hogrefe.

Klein, H. J., Wesson, M. J., Hollenbeck, J. R. & Alge, B. J. (1999). Goal commitment and the goal setting process: Conceptual clarification and empirical synthesis. *Journal of Applied Psychology*, 64, 885–896.

Kleinmann, M., Manzey, D., Schumacher, S. & Fleishman, E. A. (2010). *F-JAS – Fleishman Job Analyse System für eigenschaftsbezogene Anforderungsanalysen.* Göttingen: Hogrefe.

Knauth, P. (1993). The design of shift systems. *Ergonomics*, 36, 15–28.

Knauth, P., Emde, E., Rutenfranz, J., Kiesswetter, E. & Smith, P. (1981). Re-entrainment of body temperature in field studies of shiftwork. *International Archives of Occupational and Environmental Health*, 49, 137–149.

Köhler, O. (1926). Kraftleistungen bei Einzel- und Gruppenarbeit. *Industrielle Psychotechnik*, 3, 274–282.

Korunka, C., Sonnek, A. & Scharitzer, D. (2003). Mitarbeiter- und Kundenzufriedenheit in öffentlichen Organisationen. Eine Längsschnittstudie bei der Einführung von New Public Management. *Zeitschrift für Arbeits- und Organisationspsychologie*, 47, 1–14.

Krause, A. & Dunckel, H. (2003). Arbeitsgestaltung und Kundenzufriedenheit. *Zeitschrift für Arbeits- und Organisationspsychologie*, 47, 182–193.

Kuhl, J. (2001). *Motivation und Persönlichkeit.* Göttingen: Hogrefe.

Landrigan, C. P., Rothschild, J. M., Cronin, J. W., Kaushal, R., Burdick, E. & Katz, J. T. (2004). Effect of reducing interns' work hours on serious medical errors in intensive care units. *New England Journal of Medicine, 351,* 1838–1848.

Latané, B., Williams, K. & Harkins, S. (1979). Many hands make light the work: The causes and consequences of social loafing. *Journal of Personality and Social Psychology*, 37, 822–832.

Lawler, E. E. (1977). Developing a motivating work climate. *Management Review*, 66, 25–38.

Lazarus, R. S. & Launier, R. (1981). Streßbezogene Transaktion zwischen Person und Umwelt. In J. R. Nitsch (Hrsg.), *Stress – Theorien, Untersuchungen, Maßnahmen* (S. 213–259). Bern: Huber.

Lee, R. T. & Ashforth, B. E. (1996). A meta-analytic examination of the correlates of the three dimensions of job burnout. *Journal of Applied Psychology*, 81, 123–133.

Lee, K., Carsfeld, J. J. & Allen, N. J. (2000). *Journal of Applied Psychology*, 85, 799–811.

Leitner, K. (1993). Auswirkungen von Arbeitsbedingungen auf die psychosoziale Gesundheit. *Zeitschrift für Arbeitswissenschaft*, 47, 98–107.

Leitner, K. & Resch, M. (2005). Do the effects of job stressors on health persist over time? A longitudinal study with observational stressor measures. *Journal of Occupational Health Psychology*, 10, 18–30.

Leitner, K., Volpert, W., Greiner, B., Weber, W.G., Hennef, K., Österreich, R., Resch, M. & Krogoll, T. (1987). *Analyse psychischer Belastung in der Arbeit. Das RHIA Verfahren*. Köln: TÜV Rheinland.

Leontjew A.N. (1973). *Probleme der Entwicklung des Psychischen*. Frankfurt/M.: Athenäum/Fischer.

LePine, J.A., Erez, A. & Johnson, D.E. (2002). The nature and dimensionality of organizational citizenship behavior: A critical review and metaanalysis. *Journal of Applied Psychology*, 87, 52–65.

Levine, J.M. & Moreland, R.L. (1998). Small groups. In D. Gilbert, S. Fiske & G. Lindzey (Eds.), *Handbook of social psychology* (pp. 415–469). Boston: McGraw-Hill.

Likert, R. (1961). *New Patterns of Management*. New York: McGraw-Hill.

Litwin, G. & Stringer, R. (1968). *Motivation and organizational Climate*. Boston: Harvard University Press.

Locke, E.A. (1976). The nature and causes of job satisfaction. In M.D. Dunette (Ed.), *Handbook of industrial and organizational psychology* (S. 1297–1349). Chicago.

Locke, E.A. & Henne, D. (1986). Work motivation theories. In C.K. Cooper & I. Robertson (Eds.), *International review of industrial and organizational psychology*. New York: Wiley.

Locke, E.A. & Latham, G.P. (1990). *A theory of goal setting and task performance*. Englewood Cliffs, NJ: Prentice Hall.

Locke, E.A. & Latham, G.P. (1984). *Goal setting: A motivational technique that works*. Englewood Cliffs, NJ: Prentice Hall.

Locke, E.A. & Latham, G.P. (2002). Building a practically useful theory of goal setting and task motivation: A 35-year odyssey. *American Psychologist*, 57, 701–717.

Luczak, H. & Volpert, W. (1997). (Hrsg.). *Handbuch Arbeitswissenschaft*. Stuttgart: Schäffer-Poeschel.

Mabe, P.A. & West, S.G. (1982). Validity of self-evaluation of ability: a review and meta-analysis. *Journal of Applied Psychology*, 67, 280–296.

Marks, M.L., Mirvin, P.H., Hackett, E.J. & Grady, J.F. (1986). Employee participation in a quality circle program: Impact on quality of work life, productivity, and absenteeism. *Journal of Applied Psychology*, 71, 61–69.

Maslach, C. & Jackson, S.E. (1981). The measurement of experienced burnout. *Journal of occupational behavior*, 2, 99–113.

Maslach, C. & Jackson, S.E. (1984). Burnout in organizational settings. *Applied Social Psychology Annual*, 5, 133–153.

Maslach, C., Schaufeli, W. B. & Leiter, M. (2001). Job burnout. *Annual Review of Psychology*, 52, 397–422.

Maslow, A. (1954). *Motivation and personality.* New York: Harper.

Mathieu, J. E. & Zajac, D. M. (1990). A review and meta-analysis of the antecedents, correlates, and consequences of Organizational Commitment. *Psychological Bulletin,* 108, 171–194.

Mayo, E. (1946). *The human problems of an industrial civilization.* Boston: Harvard University.

McClelland, D. C. (1958). The importance of Early Learning in the Formation of Motives. In J. W. Atkinson (Ed.). *Motives in fantasy. action and society* (pp. 437–452). Princeton. NY: Van Nostrand.

McClelland, D. C. (1999). *Human motivation (6th ed.).* Cambridge: University Press.

McClelland, D. C. & Boyatzis, R. E. (1982). Leadership motive pattern and long term success in management. *Journal of Applied Psychology*, 67, 737–743.

McGree, G. W. & Ford, R. C. (1987). Two (or more) Dimensions of Organizational Commitment: reexamination of the affective and continuance Commitment scales. *Journal of Applied Psychology*, 69, 372–378.

McGregor, D. (1960). *The Human Side of Enterprise.* New York: McGraw-Hill.

Meijman T. F., Thunissen M. J. & De Vries-Griever, A. G. H. (1990). The effects of a prolonged period of day-sleep on the subjective sleep quality. *Work Stress*, 4, 165–170.

Mein, G., Martikainen, P., Stansfeld, S. A., Brunner, E. J., Fuhrer, R. & Marmot, M. G. (2000). Predictors of early retirement in British civil servants. *Age and Ageing*, 29, 529–536.

Meyer, J. P. & Allen, N. J. (1991). A three-component conceptualization of organizational commitment. *Human Resource Management Review*, 1, 61–89.

Meyer, J. P. & Allen, N. J. (1997). *Commitment in the workplace: Theory, research, and application.* Thousand Oaks, CA: Sage Publishing.

Meyer, J. P., Allen, N. J. & Smith, C. (1993). Commitment to organizations and occupations: Extension and test of a three-component conceptualization. *Journal of Applied Psychology*, 78, 538–551.

Meyer, J. P., Allen, N. J. & Topolnytsky, L. (1998). Commitment in a changing world of work. *Canadian Psychology/Psychologie canadienne*, 39(1–2), 83–93.

Meyer, J. P. & Herscovitch, L. (2001). Commitment in the workplace: Toward a general model. *Human Resource Management Review*, 11, 299–326.

Meyer, J. P., Stanley, D. J., Herscovitch, L. & Topolnytsky, L. (2002). Affective, continuance and normative commitment to the organization: A meta-analysis of antecedents, correlates, and consequences. *Journal of Vocational Behavior,* 61, 20–52.

Miller, G. A., Galanter, E. & Pribram, K. H. (1973). *Strategien des Handelns. Pläne und Strukturen des Verhaltens.* Stuttgart: Klett.

Miller, D. T. & Ross, M. (1975). Self-Serving Biases in the Attribution of Causality: Fact or Fiction? *Psychological Bulletin,* 82, 213–225.

Mohr, G. (1986). *Die Erfassung psychischer Befindensbeeinträchtigungen bei Industriearbeitern.* Frankfurt/Main: Lang.

Mohr, G. (1991). Fünf Subkonstrukte psychischen Befindensbeeinträchtigungen bei Industriearbeitern: Auswahl und Entwicklung. In S. Greif, E. Bamberg & N. Semmer (Hrsg.), *Psychischer Streß am Arbeitsplatz* (S. 91–119). Göttingen: Hogrefe.

Mohr, G. (2010) Erwerbslosigkeit. In: U. Kleinbeck & K.-H. Schmidt (Hrsg). *Enzyklopädie der Psychologie, Band 1 Arbeitspsychologie,* (S. 471–519). Göttingen: Hogrefe.

Mohr, G. & Rigotti, T. (2003). Irritation (Gereiztheit). In A. Glöckner-Rist (Hrsg.), *ZUMA-Informationssystem. Elektronisches Handbuch sozialwissenschaftlicher Erhebungsinstrumente, Version 7.00.* Mannheim: Zentrum für Umfragen, Methoden und Analysen.

Mohr, G., Rigotti, T. & Müller, A. (2005). Irritation – ein Instrument zur Erfassung psychischer Beanspruchung im Arbeitskontext. Skalen- und Itemparameter aus 15 Studien. *Zeitschrift für Arbeits- und Organisationspsychologie,* 49(1), 44–48.

Mohr, G. & Semmer, N. (2002). Arbeit und Gesundheit. Kontroversen zu Person und Situation. *Psychologische Rundschau,* 53, 77–84.

Moser, K. (2002). *Markt- und Werbepsychologie.* Göttingen: Hogrefe.

Moses, T. P. & Stahelski, A. J. (1999). A productivity evaluation of teamwork at an aluminum manufacturing plant. *Group and Organization Management,* 24, 391–412.

Motowidlo, S. J. (2000). Some basic issues related to contextual performance and organizational citizenship behavior in human resource management. *Human Resource Management Review,* 10, 115–126.

Mowday, R., Steers, R. & Porter, L. (1979). The measurement of organizational commitment. *Journal of Vocational Behavior,* 14, 224–247.

MOW-International Research Team (1987). *The meaning of work: an international view.* London: Academic Press.

Münsterberg, H. (1912/1997). *Psychologie und Wirtschaftsleben.* Neu herausgegeben von W. Bungard & H. E. Lück (1997). Weinheim: Beltz.

Münsterberg, H. (1914). *Grundzüge der Psychotechnik.* Leipzig: Barth.

Mullen, B. & Copper, C. (1994). The relation between group cohesiveness and performance: An integration. *Psychological Bulletin*, 115, 210–227.

Mullen, B., Johnson, C. & Salas, E. (1991). Productivity loss in brainstorming groups: A metaanalytic integration. *Basic and Applied Social Psychology*, 12, 3–23.

Murphy, G. & Athanasou, J. (1999). The effect of unemployment on mental health. *Journal of Occupational and Organizational Psychology*, 72, 83–99.

Murray, H. (1938). *Explorations in Personality*. New York: Oxford University Press.

Murray, H. (1943). *Thematic Apperception Test*. Cambridge: Harvard University Press.

Nerdinger, F. W., Blickle, G. & Schaper, N. (2011). *Arbeits- und Organisationspsychologie*. Berlin: Springer.

Neuberger, O. (1985). *Arbeit*. Stuttgart: Enke.

Neuberger, O. & Allerbeck, M. (1978). *Messungen und Analyse der Arbeitszufriedenheit*. Bern: Huber.

Neubert, M. J. (1998). The value of feedback and goal setting over goal setting alone and potential moderators of this effect: A meta-analysis. *Human Performance, 11* (4), 321–335.

Ng, T. W. H., Eby, L. T., Sorensen, K. L. & Feldman, D. C. (2005). Predictors of objective and subjective career success: A meta-analysis. *Personnel Psychology*, 58, 367–408.

Noll, H.-H. & Weick, S. (2003). *Informationsdienst Soziale Indikatoren, 30*, 6–10.

Nübling, M., Stößel, U., Hasselhorn, H.-M., Michaelis, M. & Hofmann, F. (2005). *Methoden zur Erfassung psychischer Belastungen – Erprobung eines Messinstrumentes (COPSOQ)*. Bremerhaven: Wirtschaftsverlag NW.

Oesterreich, R. (1981). *Handlungsregulation und Kontrolle*. München: Urban & Schwarzenberg.

Oesterreich, R., Leitner, K. & Resch, M. (2000). *Analyse psychischer Anforderungen und Belastungen in der Produktionsarbeit. Das Verfahren RHIA/VERA-Produktion*. Göttingen: Hogrefe.

Organ, D. W. (1988). *Organizational Citizenship behavior: The good soldier syndrome*. Lexington, MA: Lexington Books.

Organ, D. W. & Paine, J. B. (1999). A new kind of performance for industrial and organizational psychology: Recent contributions to the study of organizational citizenship behavior. *International Review of Industrial and Organizational Psychology*, 14, 337–368.

Organ, D. W. & Ryan, M. (1995). A meta-analytic review of attitudinal and dispositional predictors of organizational citizenship behavior. *Personnel Psychology*, 48, 775–802.

Osborn, A. (1953). *Applied Imagination: Principles and Procedures of Creative Problem Solving*. New York: Charles Scribner's Sons.

Ostroff, C. (1992). The relationship between satisfaction, attitudes, and performance: An organizational level analysis. *Journal of Applied Psychology,* 77, 963–974.

Parkinson, C. N. (2001). *Parkinsons Gesetz und andere Studien über die Verwaltung.* München: Econ.

Paul, K.I & Moser, K. (2009). Unemployment impairs mental health: Meta-analyses. *Journal of Vocational Behavior, 74,* 264–282

Paulus, P. B., Dzindolet, M. T., Poletes, G. & Camacho, L. M. (1993). Perception of performance in group brainstorming: The illusion of group productivity. *Personality and Social Psychology Bulletin, 19,* 78–89.

Pigage, L. & Tucker, J. (1954). Motion and time study, Institute of Labor and Industrial Relations Bulletin. *University of Illinois Bulletin, 51,* 7–48.

Pines, A. M., Aronson, E. & Kafrym, D. (2000). *Ausgebrannt: vom Überdruß zur Selbstentfaltung*. Stuttgart: Klett-Cotta.

Plath, H.-E. & Richter, P. (1984). *Ermüdung – Monotonie – Sättigung – Streß. Der BMS-Erfassungsbogen.* Berlin: Psychodiagnostisches Zentrum.

Podsakoff, P. M., MacKenzie, S. B. & Bommer, W. H. (1996). Meta-analysis of the relationships between Kerr and Jermier's substitutes for leadership and employee job attitudes, role perceptions, and performance. *Journal of Applied Psychology, 81*, 380–399.

Podsakoff, P. M., MacKenzie, S. B., Paine, J. B. & Bachrach, D. G. (2000). Organizational citizenship behaviors: A critical review of the theoretical and empirical literature and suggestions for future research. *Journal of Management, 26*, 513–563.

Pohlandt, A., Richter, P., Jordan, P. & Schulze, F. (1999). Rechnergestütztes Dialogverfahren zur psychologischen Bewertung von Arbeitsinhalten (REBA). In H. Dunkel (Hrsg.), *Handbuch psychologischer Arbeitsanalyseverfahren,* 341–363. Zürich: vdf.

Porter, L. W., Steers, R. M., Mowday, R. T. & Boulian, P. (1974). Organizational commitment, job satisfaction and turnover among psychiatric technicians. *Journal of Applied Psychology,* 59, 603–609.

Pritchard, R. D. (1990). *Measuring and improving organizational productivity: A practical guide.* New York: Praeger.

Pritchard, R. D. (1992). Organizational productivity. In M. D. Dunnette and L. M. Hough, (eds.), *Handbook of Industrial/Organizational Psychology* (pp. 443–471). Palo Alto, CA: Consulting Psychologists Press.

Pritchard, R. D., Kleinbeck, U. E. & Schmidt, K. H. (1993). *Das Management-system PPM: Durch Mitarbeiterbeteiligung zu höherer Produktivität.* München: C. H. Beck.

Prümper, J., Hartmannsgruber, K. & Frese, M. (1995). KFZA – Kurzfragebogen zur Arbeitsanalyse. *Zeitschrift für Arbeits- und Organisationspsychologie,* 39, 125–132.

Rheinberg, F. (2004). *Motivationsdiagnostik.* Göttingen: Hogrefe.

Rice, B. (1982). The Hawthorne defect: Persistence of a flawed theory. *Psychology Today,* 16, 70–74.

Richter P. & Hacker, W. (1997). *Psychische Fehlbeanspruchung.* Heidelberg: Asanger.

Roethlisberger, F. J. & Dickson, W. J. (1939). *Management and the Worker.* Cambridge, MA: Harvard University Press.

Rohmert, W. (1984). Das Belastungs-Beanspruchungs-Konzept. *Zeitschrift für Arbeitswissenschaft,* 38, 193–200.

Rohmert, W. & Rutenfranz, J. (1983). *Praktische Arbeitsphysiologie.* Stuttgart: Thieme.

Rousseau, D. M. (1998). Why workers still identify with organizations. *Journal of Organizational Behavior,* 19, 217–233.

Salas, E., Rozell, D., Driskell, J. E. & Mullen, B. (1999). The effect of team building on performance: An integration. *Small Group Research,* 30, 309–329.

Schmidt, K., Hollmann, S. & Sodenkam, D. (1998). Psychometrische Eigenschaften und Validität einer deutschen Fassung des »Commitment«-Fragebogens von Allen und Meyer (1990). *Zeitschrift für Differentielle und Diagnostische Psychologie,* 19, 93–106.

Schmidt, K.-H. & Kleinbeck, U. (1999). Job Diagnostic Survey (JDS – deutsche Fassung). In H. Dunckel (Hrsg.), *Handbuch psychologischer Arbeitsanalyseverfahren.* Zürich: vdf.

Schmidt, K.-H., Kleinbeck, U., Ottmann, W. & Seidel, B. (1985). Der Job Diagnostic Survey (JDS). *Psychologie und Praxis – Zeitschrift für Arbeits- und Organisationspsychologie,* 29, 162–172.

Schneider, B. & Bowen, D. E. (1985). Employee and customer perceptions of service in banks: Replication and extension. *Journal of Applied Psychology,* 70, 423–433.

Schuler, H. (Hrsg.). (2007), *Lehrbuch Organisationspsychologie.* Bern: Huber.

Schuler, H. (Hrsg.). (2006). *Lehrbuch der Personalpsychologie.* Göttingen: Hogrefe.

Schuler, H. & Prochaska, M. (2001). *Leistungsmotivationsinventar.* Göttingen: Hogrefe.

Schumann, M. & Gerst, D. (1997). Produktionsarbeit – Bleiben die Entwicklungstrends stabil? In ISF, INIFES, IfS, SOFI (Hrsg.), *Jahr-*

buch sozialwissenschaftliche Technikberichterstattung 1996 (S. 131–167). Berlin.

Seltzer, J., Nomerof, R.E. & Bass, B.M. (1989). Transformational leadership: Is it a source of more burnout and stress? *Journal of Health and Human Resource Administration,* 12, 174–185.

Selye, H. (1981). Geschichte und Grundzüge des Stresskonzepts. In J.R. Nitsch (Hrsg.), *Stress. Theorien, Untersuchungen, Maßnahmen,* (S. 163–187). Bern: Huber.

Semmer, N.K. (1984). *Stressbezogene Tätigkeitsanalyse.* Weinheim/Basel: Beltz.

Semmer, N. & Udris, I. (2007). Bedeutung und Wirkung von Arbeit. In H. Schuler (Hrsg.), *Organisationspsychologie,* (S. 157–195). Bern: Huber.

Semmer, N., Zapf, D. & Dunckel, H. (1998). Instrument zur stressbezogenen Tätigkeitsanalyse (ISTA). In H. Dunckel (Hrsg.), *Handbuch psychologischer Arbeitsanalyseverfahren.* Zürich: vdf.

Semmer, N., Zapf, D. & Dunckel, H. (1999). Instrument zur stressbezogenen Tätigkeitsanalyse. In H. Dunckel (Hrsg.), *Handbuch psychologischer Testverfahren* (S. 179–204). Zürich: vdf.

Semmer, N., Zapf, D. & Greif, S. (1996). Shared job strain: A new approach for assessing the validity of job stress measurements. *Journal of occupational and organizational psychology,* 69, 293–310.

Shamir, B. (1986). Self-esteem and the psychological impact of unemployment, *Social Psychology Quarterly,* 49, 61–72.

Sherif, M. (1936). *The Psychology of Social Norms.* New York: Harper.

Siegrist, J. (1996). *Soziale Krisen und Gesundheit.* Göttingen: Hogrefe.

Six, B. & Felfe, J. (2004). Einstellungen und Werthaltungen. In H. Schuler (Hrsg.), *Enzyklopädie der Psychologie. Organisationspsychologie 1 – Grundlagen und Personalpsychologie* (S. 597–672). Göttingen: Hogrefe.

Six, B. & Felfe, J. (2006). Arbeitszufriedenheit im interkulturellen Vergleich. In L. Fischer (Hrsg.), *Arbeitszufriedenheit* (S. 243–272). Göttingen: Hogrefe.

Six, B. & Six-Materna, I. (2010). *Metaanalysen.* In U. Kleinbeck, K.H. Schmidt, (Hrsg.), Arbeitspsychologie (S. 1039–1110). Enzyklopädie der Psychologie, Themenbereich D, Praxisgebiete, Serie III, Wirtschafts-, Organisations- und Arbeitspsychologie, Band 1. Göttingen: Hogrefe.

Smith, A. (1776/1974). *Über den Wohlstand der Nationen: Eine Untersuchung über seine Natur und seine Ursachen.* München: C.H. Beck.

Smith, P.C., Kendall, L.M. & Hullin, C.L. (1969). *The measurement of satisfaction in Work and Retirement: A strategy for the study of Attitudes.* Chicago: Rand McNally.

Sokolowski, K., Schmalt, H.-D., Langens, T.A. & Puca, R.M. (2000). Assessing achievement, affiliation, and power motives all at once – the Multi-Motive Grid (MMG). *Journal of Personality Assessment*, 74, 126–145.

Sonnentag, S. & Fritz, C. (2010). *Arbeit und Privatleben: Das Verhältnis von Arbeit und Lebensbereichen außerhalb der Arbeit aus Sicht der Arbeitspsychologie.* In U. Kleinbeck & K.-H. Schmidt (Hrsg.), Arbeitspsychologie (S. 669–704). Göttingen: Hogrefe.

Sparks, K., Cooper, C., Fried, Y. & Shirom, A. (1997). The effects of hours of work on health: A meta-analytic review. *Journal of Organizational and Occupational Psychology*, 51, 391–408.

Spector, P.E. (1985 a). Measurement of human service staff satisfaction: Development of the Job Satisfaction Survey. *American Journal of Community Psychology*, 13, 693–713.

Spector, P.E. (1985 b). Higher order need strength as a moderator of the job scope employee outcome relationship: A meta-analysis. *Journal of Occupational Psychology*, 58, 119–127.

Spector, P.E. (1997). *Job satisfaction: Application, assessment, causes, and consequences.* Thousand Oaks, CA: Sage.

Spector, P.E., Chen, P.Y. & O'Connell, B.J. (2000). A longitudinal study of relations between job stressors and job strains while controlling for prior negative affectivity and strains. *Journal of Applied Psychology*, 85, 211–218.

Spector, P.E. & Jex, S.M. (1991). Relations of job stressors, job characteristics, and job analysis ratings to affective and health outcomes. *Journal of Applied Psychology*, 76, 46–53.

Stinglhamber, F., Bentein, K. & Vanderberghe, C. (2002). Extension of the three-component model of commitment to five foci: Development of measures and substantive test, *European Journal of Psychological Assessment*, 18, 123–138.

Stumpf, S. & Thomas, A. (Hrsg.). (2003). *Teamarbeit und Teamentwicklung.* Göttingen: Hogrefe.

Tajfel, H. (Ed.). (1978). *Differentiation between social groups: Studies in the Social Psychology of Intergroup Relations.* London: Academic Press.

Tajfel, H. (1982). *Gruppenkonflikt und Vorurteil.* Bern: Huber.

Tajfel, H. & Turner, J.C. (1986). The social identity theory of intergroup behavior. In S. Worchel & L.W. Austin (Eds.), *Psychology of Intergroup Relations.* Chicago: Nelson-Hall.

Tannenbaum, R. & Schmidt, W.H. (1973). How to Choose a Leadership Pattern. *Harvard Business Review, May–June*, 162–180.

Taylor, F.W. (1913/1977). *Die Grundsätze wissenschaftlicher Betriebsführung.* Neu herausgegeben und eingeleitet von W. Volpert und R. Vahrenkamp, Weinheim: Beltz.

Tett, R. P. & Meyer, J. P. (1993). Job satisfaction, organizational commitment, turnover intention, and turnover Path analysis based on meta-analytic findings. *Personnel Psychology,* 46, 259–293.

Theerkorn, U. & Lingemann, H.-F. (1987). *Kleinbetriebe unter einem Dach: Produzieren nach dem Inselbetrieb.* Bericht über die AWF-Fachtagung »Fertigungsinseln – Fertigungsstruktur mit Zukunft« in Bad Soden.

Thorsteinson, T. J. (2003). Job attitudes of part-time vs. full-time workers: A meta-analytic review. *Journal of Occupational and Organizational Psychology,* 76, 151–178.

Traut-Mattausch, E. (in Vorb.). *Wirtschafts- und Finanzpsychologie.* Stuttgart: Kohlhammer.

Triplett, N. (1898). The dynamogenic factors inpacemaking and competition. *American Journal of Psychology,* 9, 507–533.

Trist, E. & Bamforth, K. (1951). Some social and psychological consequences of the long wall method of coal getting. *Human Relations,* 4, 3–38.

Tuomi, K., Ilmarinen, J., Jahkola, A., Katajarinne, L. & Tulkki, A. (2003). *Arbeitsbewältigungsindex/Work Ability Index.* Bremerhaven: Wirtschaftsverlag NW.

Udris, I. (2006). Das »Zürcher Modell« der Arbeitszufriedenheit – 30 Jahre »still going strong«. In L. Fischer (Hrsg.), *Arbeitszufriedenheit. Konzepte und empirische Befunde.* Göttingen: Hogrefe.

Udris, I. & Alioth, A. (1980). Fragebogen zur subjektiven Arbeitsanalyse (SAA). In E. Martin & I. Udris (Hrsg.), *Monotonie in der Industrie* (S. 49–68). Bern: Huber.

Udris, I. & Rimann, M. (1995). *Fragebögen zur Arbeitszufriedenheit nach dem Modell von Bruggemann – eine Dokumentation.* I. Entwurf.

Ulich, E. (1972). Arbeitswechsel und Aufgabenerweiterung. *Refa-Nachrichten,* 2, 265–275.

Ulich, E. (1997). Differentielle und dynamische Arbeitsgestaltung. In H. Luczak & W. Volpert (Hrsg.), *Handbuch Arbeitswissenschaft,* (S. 796–800). Stuttgart: Schäffer-Poeschel.

Ulich, E. (2001). *Arbeitspsychologie.* Stuttgart: Schäffer-Poeschel.

Ulich, E., Groskurth, P. & Bruggemann, A. (1973). *Neue Formen der Arbeitsgestaltung: Möglichkeiten und Probleme einer Verbesserung der Qualität des Arbeitslebens.* Frankfurt/Main: Europäische Verlagsanstalt.

Vandenberghe, C., Stinglhamber, F., Bentein, K. & Delhaise, T. (2001). An examination of the cross-cultural validity of a multidimensional model of commitment in Europe, *Journal of Cross-Cultural Psychology,* 32, 322–347.

Van der Klink, J. J. L., Blonk, R. W. B., Schene, A. H. & van Dijk, F. J. H. (2001). The benefits of interventions for work-related stress. *American Journal of Public Health*, 91, 270–276.

Van Dick, R. (2004). My job is my castle: Identification in organizational contexts. *International Review of Industrial and Organizational Psychology*, 19, 171–203.

Van Dongen, H. P. A., Maislin, G., Mullington, J. M. & Dinges, D. F. (2003). The cumulative cost of additional wakefulness: Dose-response effects on neurobehavioral functions and sleep physiology from chronic sleep restriction and total sleep deprivation. *Sleep, 26,* 117–126.

Van Harrison, R. (1978). Person-environment fit and job stress. In C. L. Cooper & R. Payne (Eds.), *Stress at work*. Chichester: Wiley.

Viswesvaran, C., Sanchez, J. I. & Fisher, J. (1999). The role of social support in the process of work stress: A meta-analysis. *Journal of Vocational Behavior*, 54, 314–334.

Volpert, W. (1983). *Handlungsstrukturanalyse als Beitrag zur Qualifikationsforschung.* Köln: Pahl-Rugenstein.

Volpert, W. (1985), Psychologische Aspekte industrieller Arbeit. In W. Georg. L. Kißler & U. Sattel, (Hrsg.), *Arbeit und Wissenschaft: Arbeitswissenschaft?,* (S. 9–36). Bonn: Verlag neue Gesellschaft.

Volpert, W. (1987). Psychische Regulation von Arbeitstätigkeiten. In U. Kleinbeck & J. Rutenfranz (Hrsg.), *Arbeitspsychologie (Enzyklopädie der Psychologie, DIII, Bd 1),* (S. 1–42). Göttingen: Hogrefe.

Volpert, W., Oesterreich, R., Gablenz-Kolakovic, S., Krogoll, T. & Resch, M. (1983). *Verfahren zur Ermittlung von Regulationserfordernissen in der Arbeitstätigkeit (VERA).* Köln: Verlag TÜV Rheinland.

Von Eckardstein, D., Lueger, G., Niedl, K. & Schuster, B. (1995). *Psychische Befindensbeeinträchtigungen und Gesundheit im Betrieb. Herausforderung für Personalmanager und Gesundheitsexperten.* Personalwirtschaftliche Schriften, Bd. 3. München/Mering: Rainer Hampp Verlag.

Vroom, V. (1964). Work and Motivation. New York: Wiley.

Wagner, J. A., Leana, C. R., Locke, E. A. & Schweiger, D. M. (1997). Cognitive and motivational frameworks in U. S. research on participation: A meta-analysis of primary effects. *Journal of Organizational Behavior,* 18, 49–65.

Weber, M. (1922/1976). *Wirtschaft und Gesellschaft.* Tübingen: Mohr (P. Siebeck).

Weiner, B. (1994). *Motivationspsychologie.* Weinheim: Beltz.

Wesche, J. S. & Muck, P. M. (2010). Freiwilliges Arbeitsengagement: Bestandsaufnahme und Perspektiven für eine theoretische Integration. *Psychologische Rundschau*, 61, 81–100.

Westermayer, G. & Bähr, B. (1994). *Betriebliche Gesundheitszirkel.* Göttingen: Hogrefe.

Wieland-Eckelmann, R., Saßmannshausen, A., Rose, M. & Schwarz, R. (1999). Synthetische Beanspruchungsanalyse SynBA-GA. In Dunckel, H. (Hrsg.), *Handbuch psychologischer Arbeitsanalyseverfahren* (S. 421–464). Zürich: vdf.

Wiener, Y. & Vardi, Y. (1980). Relationships between job, organization, and career commitments and work, outcomes – an integrative approach. *Organizational Behavior and Human Performance, 26,* 81–96.

Wiswede, G. (2000). *Einführung in die Wirtschaftspychologie.* München: Reinhardt.

Womack, J., Jones, D.T. & Roos, D. (1992). *Die zweite Revolution in der Autoindustrie. Konsequenzen aus der weltweiten Studie aus dem Massachusetts Institute of Technology.* Frankfurt a.M.: Campus.

Wood, R., Mento, A. & Locke, E. (1987). Task complexity as a moderator of goal effects. *Journal of Applied Psychology,* 17, 416–425.

Zajonc, R.B. (1965). Social facilitation. *Science,* 149, 269–271.

Zapf, D. (1999). Mobbing in Organisationen – Überblick zum Stand der Forschung. *Zeitschrift für Arbeits- und Organisationspsychologie,* 43, 1–25.

Zapf, D., Isic, A., Fischbach, A. & Dormann, C. (2003). Emotionsarbeit in Dienstleistungsberufen. Das Konzept und seine Implikationen für die Personal- und Organisationsentwicklung. In K.-C. Hamburg & H. Holling (Hrsg.), *Innovative Ansätze der Personal- und Organisationsentwicklung* (S. 266–288). Göttingen: Hogrefe.

Zapf, D., Vogt, C., Seifert, C., Mertini, H. & Isic, A. (1999). Emotion work as a source of stress. The concept and development of an instrument. *European Journal of Work and Organizational Psychology, 8,* 371–400.

Zapf, D. & Semmer, N.K. (2004). Streß und Gesundheit in Organisationen. In H. Schuler (Hrsg.), *Enzyklopädie der Psychologie, Themenbereich D, Serie III, Band 3 Organisationspsychologie* (2. Aufl., S. 1007–1112). Göttingen: Hogrefe.

Stichwortverzeichnis

F

G

H

I

J

K

L

M

N

O

P

Q

R

S

T